Poste restante

DU MÊME AUTEUR

Romans
Enterrement de vie de garçon, Stock, 2004, J'ai Lu, 2009
Les Liens défaits, Stock, 2006 (prix Roger-Nimier 2006), J'ai Lu, 2010
Une si douce fureur, Stock, 2006, J'ai Lu, 2010
Une Belle époque, Stock, 2010, J'ai Lu, 2012
Une certaine fatigue, Stock, 2012
Soldat d'Allah, Grasset, 2014
Des heures heureuses, Flammarion, 2018
Demi-siècle, Flammarion, 2021 (prix des Hussards 2021)
L'Ouverture des hostilités, Presses de la Cité, 2022

Essais
Patrick Besson, Éditions du Rocher, coll. « Domaine Français », 1998
Foot Business, Hachette Littératures, 2001
Le Nouvel ordre sexuel, Bartillat, 2002
Les Bouffons du foot, Éditions du Rocher, coll. « Colère », 2002
A l'est d'Eastwood, La Table Ronde, 2003
Clint Eastwood, Fitway Publishing, 2005
Deuxièmes séances, Stock, 2009
Callcut, boire pour se souvenir, Éditions du Sandre, 2010
De chez nous, Stock, 2014 (prix Renaudot de l'essai 2014)
Dictionnaire chic de littérature française, Écriture, 2015
Les Mondes de Michel Déon, Séguier, 2018
Petit éloge amoureux de Toulouse, Privat, 2021
Houellebecq politique, Flammarion, 2022

Christian Authier

Poste restante

Flammarion

© Flammarion, 2023.
ISBN : 978-2-0802-9445-6

« Nous allons donc confier notre petit trésor aux seuls gens qui n'égarent jamais rien, aux employés de cette administration que le monde entier nous envie. J'ai nommé les PTT. »

Jean Gabin dans *Le Cave se rebiffe* (1961) de Gilles Grangier, dialogues de Michel Audiard

Enfant de La Poste

Je suis un enfant de La Poste. Enfin, de postiers. Car mes parents se sont rencontrés puis mariés, comme tant d'autres personnes, grâce à leur métier. Venus de province – l'Ariège pour ma mère, l'Hérault pour mon père – et issus de milieux populaires, respectivement enfants de bistrotiers de village et de métayers, ces jeunes gens nés autour de 1935 devinrent fonctionnaires au sein des PTT au mitan des années 1950 dans une capitale qui attirait les forces vives du pays. Pour leur génération et leur classe, « monter à Paris » ou vers une grande ville est une évidence avec la promesse d'une vie meilleure à la clé. La jeunesse de mes parents, je la vois en noir et blanc comme sur leurs photos de mariage. Leurs visages portent une sorte d'innocence et de confiance en l'avenir que leur jeune âge ni le bonheur du moment ne suffisent peut-être à expliquer.

Poste restante

Une quinzaine d'années après la Libération, la France s'est reconstruite. Nous sommes dans les Trente Glorieuses. Le baby-boom est à l'œuvre. Certes, les guerres coloniales – l'Indochine puis l'Algérie – gangrènent l'Hexagone, mais cet héritage encombrant, ces poussières d'empire seront bientôt balayées ou glissées sous le tapis d'une France gaullienne sûre d'elle-même, orgueilleuse et dominatrice. La foi dans le progrès ne se discute pas. Dans cette France en noir et blanc, la couleur s'installe peu à peu avec les frigidaires, les machines à laver, le développement du téléphone, la télévision, bientôt la civilisation des loisirs... Nul mieux que le film *Mon oncle* de Jacques Tati en 1959 ne décrit ce mouvement. Le plein-emploi est de rigueur. On manque même de bras, d'où le recours à une immigration qui fait alors le bonheur et la prospérité de la nation. Dans cette France de la Ve République naissante et résolument tournée vers l'avenir, on n'oublie pas cependant les fondamentaux. L'État est aux commandes, la planification est de mise, la fonction publique est encore une noblesse. Des « hussards noirs » de la République, célébrés en son temps par Charles Péguy, aux vaillants cheminots dont l'engagement de certains dans la Résistance a renforcé l'aura, en passant par le facteur, le service de l'État s'illustre dans l'imaginaire national par des figures puissantes et

Enfant de la Poste

familières. Pour nombre de Français, à l'instar de mes parents, le statut de fonctionnaire fait office d'ascenseur social. À la sécurité de l'emploi répond le devoir – et souvent la fierté – de servir le pays. Je suis donc né et j'ai grandi au sein d'une famille de postiers, métier qu'ils exerceront toute leur vie jusqu'à leur départ à la retraite. Évidemment, cette situation est assez banale. Mon meilleur ami à l'école primaire, Christophe, était aussi un fils de postiers et son père dirigeait le petit bureau de notre quartier. Des années plus tard, ma sœur aînée, alors étudiante, travaillera dans ce même bureau où elle rencontrera le futur père de ses enfants. Décidément, dans la famille, nous sommes marqués par le cachet de La Poste. Durant mon enfance, des mots ou des expressions étranges – « Paris Brune » (le nom d'un bureau de poste du 14ᵉ arrondissement de Paris), « receveur », « inspecteur » – résonnaient à mes oreilles sans que j'en perce les mystères. En remplissant au fil des ans la ligne « profession des parents » sur les bulletins de renseignements lors des rentrées scolaires, je ne ressentais nul complexe ni fierté particulière. Leur métier me paraissait certes honorable, mais peu exaltant, et je ne me voyais guère devenir postier, bien qu'à partir de dix-huit ans, devenu étudiant à mon tour, j'aie pris l'habitude de travailler comme vacataire pendant les vacances scolaires dans la grande poste du centre de Toulouse, ville où mes parents avaient été mutés en 1976 en réponse à des vœux déposés des années auparavant. Les postiers avaient ainsi le « privilège » – comme j'imagine il est de rigueur dans d'autres corps de métier – de pouvoir faire embaucher pour ces vacations leurs rejetons prioritairement sur ceux dont les parents ne travaillaient pas à La Poste. Plus appréciable dans le registre des « avantages acquis » flétris par les contempteurs des fonctionnaires fut la semi-retraite dont bénéficièrent mes parents qui, à partir de cinquante-cinq ans, purent profiter d'une « cessation progressive d'activité », c'est-à-dire travailler à mi-temps, soit quinze jours par mois, pour 80 % de leur salaire. Ils s'éloignaient ainsi progressivement d'un métier qu'ils ne reconnaissaient plus et que, pour ma part, je considérais en tant que jeune adulte comme appartenant à un monde ancien.

Nous sommes en 1995. J'ai vingt-cinq ans et je suis journaliste dans un hebdomadaire toulousain qui me permet d'écrire librement sur ce que j'ai envie d'écrire. La Poste me paraît archaïque, ringarde. Je ne renie pas cette institution qui a façonné une part de ma vie et qui m'a offert mes premiers bulletins de salaire, mais elle ne m'intéresse pas. Les années suivantes, je deviens un usager comme un autre de La Poste, ou juste un peu plus, par la conservation d'un compte bancaire

Enfant de la Poste

dans l'établissement. Je me rends dans des bureaux pour envoyer des lettres ou des colis, récupérer une lettre recommandée ou un paquet trop volumineux pour ma boîte. La Poste m'indiffère, disais-je. Il peut se passer des mois, peut-être une année, avant que je doive m'y rendre. Pourtant, et le phénomène s'accentue à mesure que mes visites s'espacent, je me rends compte que les bureaux changent. Les guichets de la grande poste de la rue Lafayette disparaissent peu à peu. Cette poste et d'autres dans la ville se mettent à ressembler à des galeries commerciales. On y vend des choses inhabituelles, comme à une époque des DVD, notamment de films d'animation de Walt Disney dont je ne vois guère le lien avec la vocation originelle de l'établissement public.

Les machines et les automates envahissent l'espace, remplacent les agents des guichets. Parallèlement, les courriers mettent plus de temps à parvenir à leur destinataire si l'on ne prend pas le soin de souscrire à un service plus onéreux qui réussit à peu près la performance naguère obtenue à un tarif modique. Même chose pour les colis, où les formules « Colissimo » et autres ont remplacé le tarif ordinaire. Dans les bureaux, la lenteur et l'inefficacité ont progressé du fait de la diminution du nombre d'agents, du moins pour les usagers « normaux » car des guichets spécifiques sont réservés aux entreprises. Ailleurs, les files d'attente s'allongent. Des agents d'accueil orientent ceux qu'ils considèrent comme des « clients » vers des automates. Durant de longues périodes, le facteur ne fait plus sa tournée le samedi dans mon quartier. La Poste que j'ai connue n'existe plus. Celle de mes parents encore moins. Pourtant, à la télévision, à la radio, depuis des décennies, des campagnes de communication matraquent des bulletins de victoire nous invitant par exemple à « bouger avec La Poste ». Bouger comment ? Vers quoi ? Au fil des ans, cette mutation aux allures de liquidation me chagrine toujours un peu plus, distillant un étrange sentiment de dépossession. C'est un malaise sur lequel on a du mal à mettre un nom et des mots. Que se passe-t-il ? Que se passe-t-il vraiment ? Que s'est-il passé ? Auprès d'amis ou de connaissances, quand la conversation aborde le sujet de La Poste, en général à propos d'un courrier égaré ou d'un autre désagrément, je me rends compte que ce que je prenais pour une blessure intime a des échos bien plus larges. Nous rechignons à dire « La Poste, c'était mieux avant » de crainte d'être classés dans les rangs des ronchons, des vieux cons, des réactionnaires, des indécrottables nostalgiques d'un passé idéalisé. Alors, nous constatons simplement son déclin en faisant profil bas.

ENFANT DE LA POSTE

Se souvenir est devenu suspect, sauf pour insulter le passé ou lui demander des comptes. Invoquer un temps pas si lointain où la vie – dans certaines de ses incarnations concrètes – était plus douce, naturelle, facile, belle, aimable, paraît aux thuriféraires de la modernité comme un crime de lèse-majesté. Pourtant, sans vouloir revenir à « *la douceur des lampes à huile* » et à « *la splendeur de la marine à voile* » (quoique je garde un sentiment ébloui des très rares fois où j'ai eu le privilège de monter sur un bateau à voile), brocardées par le général de Gaulle lors de sa célèbre allocution radiotélévisée du 29 janvier 1960, il m'arrive de regretter tant de choses évanouies. Dans ma ville, les cinémas se sont quasiment tous éteints, remplacés par des multiplexes en zones périurbaines commerciales ou en abonnements sur plateformes numériques. Des anciennes librairies ont cédé la place à des enseignes du commerce mondialisé. Les kiosques à journaux ou maisons de la presse sont devenus rares. Les cafés populaires se sont métamorphosés en bars anonymes ou ont fermé leurs portes. Voilà pour les petits désagréments ressentis par un bobo urbain quinquagénaire voyant s'effacer des lieux qu'il pensait éternels. Je me souviens aussi des hirondelles et des coccinelles de mon enfance, des papillons et des étoiles dans le ciel qui ont disparu de mon horizon – à l'exception des

POSTE RESTANTE

étoiles que j'aperçois la nuit dans quelques campagnes reculées, encore épargnées par la pollution atmosphérique et lumineuse. Se souvenir des belles choses, disait un titre de film aussi beau qu'un poème de Paul-Jean Toulet. La nostalgie deviendra-t-elle un « *crime de pensée* », « *le crime essentiel, celui qui englobe tous les autres* », ainsi que le définissait Orwell dans *1984* ? Je le crains parfois.

Mon ami Sébastien, amoureux de la carte postale – à laquelle il a consacré un brillant petit essai – et amoureux des lettres dans tous les sens du terme, m'enjoignait régulièrement d'écrire un livre sur La Poste et sur ce qu'il en restait, m'assurant que ma condition de fils de postiers me conférait sinon une légitimité, du moins une sensibilité particulière. Je restai longtemps dubitatif face à son conseil, auquel les libertés qu'autorise l'amitié donnaient un ton impératif, avant que l'évidence et surtout l'envie ne s'imposent. Banalement, en vieillissant, j'ai découvert après tant d'autres que l'on ne quitte jamais vraiment le pays de son enfance. Oui, je suis un enfant de La Poste.

Petite histoire de La Poste

L'histoire de La Poste dans nos contrées remonte à « *la plus haute Antiquité* », peut-on écrire en reprenant la formule prisée par le grand Alexandre Vialatte dans ses chroniques. En effet, un réseau de poste, le *cursus publicus*, fut mis en place par l'Empire romain et fonctionna en Gaule. Ce système embryonnaire, mais efficace, réservé aux correspondances officielles – administratives, fiscales, militaires – disparut naturellement à la fin du Ve siècle avec la chute de l'Empire d'Occident. Mille ans plus tard, autour de 1476-1477, le roi Louis XI crée le « Service des chevaucheurs du roi », dit aussi « Poste aux chevaux », afin de transmettre ses messages et un siècle après, en 1576, Henri III permet aux messagers royaux d'acheminer aussi des lettres de riches particuliers. Les relais de poste sont alors installés toutes les sept lieues, soit vingt-huit kilomètres. Les cavaliers peuvent changer de monture à chaque relais et les postillons sont chargés de ramener le cheval utilisé au relais d'origine. Les lourdes bottes de ces derniers sont dénommées « bottes de sept lieues » et Charles Perrault rendra l'expression fameuse en contant les aventures du Petit Poucet...

Sous le règne de Louis XIV, Jean-Jacques Renouard de Villayer est autorisé par ordonnance à créer la « Petite Poste » de Paris à travers un réseau de boîtes aux lettres (la « Grande Poste » désignant le bureau ou centre postal). Les premiers « facteurs » parisiens apparaissent. L'État se centralise et le ministre de la Guerre du Roi-Soleil, le marquis de Louvois, fonde la Ferme générale des Postes en 1672. Il fait construire de nouvelles routes et de nouveaux relais, reprend en main les « maîtres des Postes » en charge des relais, développe l'acheminement du courrier à travers le royaume et même à l'étranger. Il faut cependant attendre Piarron de Chamousset, en 1758, pour que La Petite Poste de Paris prenne réellement son essor et que son modèle se décline dans d'autres villes du royaume comme Bordeaux, Lyon, Nantes, Rouen, Nancy, Strasbourg, Marseille et Lille. On estime alors qu'à Paris 200 facteurs agitent leur claquoir pour avertir de leur passage et assurent trois collectes et distributions par jour.

Petite histoire de la Poste

Les services postaux se développent encore avec la Révolution. Les charges royales, dont celle de la Ferme générale des Postes, sont supprimées. Les postes deviennent un service doté d'environ 1 400 relais et 16 000 chevaux. De nouvelles destinations sont mises en place pour les courriers, les malles-poste remplacent les diligences. Plus rapides, elles peuvent aussi transporter des passagers. Les délais de distribution raccourcissent. Une lettre expédiée depuis Paris met moins de trois jours pour atteindre Lyon. Les premiers mandats postaux, destinés à envoyer de l'argent liquide à des particuliers, notamment dans les communes rurales, sont mis au point à compter de 1816. La loi Sapey instaure à partir du 1er avril 1830 un service rural postal qui prévoit que « *5 000 facteurs devront recueillir et distribuer dans toutes les communes rurales du royaume, les correspondances administratives et particulières* ». Trente-cinq mille boîtes aux lettres sont installées et la tournée du facteur a lieu un jour sur deux. Le facteur va ainsi devenir un acteur clé de la société, rompant l'isolement des villages et de ceux qui y habitent. Autre révolution : celle des transports. Avec l'utilisation de la vapeur, les distances se réduisent. Dix paquebots-poste à vapeur parcourent la Méditerranée en 1835. En 1845, un wagon-poste est mis en service sur la ligne Paris-Rouen. Il s'agit du premier d'une

Poste restante

succession de nombreux modèles de bureaux ambulants. Lorsque la poste aux chevaux et ses relais disparaissent en 1873 au profit du transport par chemin de fer, il existe 54 lignes. Elles seront 175 en 1914.

En 1849 est émis le premier timbre-poste français à l'effigie de Cérès, déesse des moissons et de la fécondité, à laquelle succédera le profil de Napoléon III en 1852. Le service postal se démocratise et le courrier connaît une croissance exceptionnelle, autant en volume (100 à 200 objets sont en circulation en 1789 pour plus de 130 millions en 1865) qu'en moyens humains (le nombre de facteurs double entre 1830 et 1850 pour atteindre le chiffre de 10 000) et matériels (on dénombre 4 360 bureaux en 1865). La tournée du facteur devient quotidienne à partir de 1863. En 1879, les administrations séparées des postes et du télégraphe fusionnent. Les Postes, Télégraphes et Téléphones (PTT) deviennent un ministère de plein exercice. Mais le courrier est roi. Le télégramme reste l'apanage de quelques-uns, le téléphone n'est en usage que dans les bureaux de poste, les grandes administrations et quelques entreprises. Le développement économique, particulièrement soutenu du Second Empire à la Belle Époque, dope le trafic postal, de même que les progrès de l'alphabétisation à travers

Petite histoire de La Poste

l'école obligatoire. Les PTT entrent aussi dans la vie quotidienne des Français par le biais des calendriers vendus par les facteurs ou de la philatélie. De plus, le service est efficace. Au début du XXe siècle, à Paris, les levées de boîtes et les distributions ont lieu sept à huit fois par jour, jusque dans la soirée. Une lettre postée dans et pour la capitale exige de deux à six heures pour sa remise.

Même la Grande Guerre n'entrave pas l'essor du courrier. Au contraire, et Augustin Alphonse Marty, qui entra aux PTT en 1880 à l'âge de dix-huit ans pour se hisser à la tête de l'administration en 1906, mène à bien une ambitieuse réforme de La Poste aux armées qui permet de traiter un trafic postal d'une ampleur alors inédite. L'après-guerre voit la naissance de l'Aéropostale, grandiose épopée dont Latécoère, Mermoz ou Saint-Exupéry seront les héros. Le régime de Vichy supprime la distribution du courrier le dimanche et fait fusionner l'exploitation télégraphique et l'exploitation téléphonique sous l'égide d'une direction des télécommunications, mesure qui sera prolongée en 1946 avec la création d'une Direction générale de La Poste face à la Direction générale des Télécommunications. Le ministère des PTT se transforme en 1960 en ministère des Postes et Télécommunications tout en conservant le sigle PTT.

POSTE RESTANTE

Les Trente Glorieuses voient sans surprise l'explosion des flux postaux. On passe de 4,5 milliards d'objets en 1950 à 8,5 milliards d'objets en 1967. En dépit des progrès des télécommunications, l'essentiel des échanges humains – personnels, administratifs, commerciaux... – passe par La Poste. Face à ce phénomène et à la crainte d'engorgement du système, une réforme du courrier entre en vigueur en janvier 1969. Elle met en place une nouvelle tarification et classification des correspondances en imposant une distinction entre le « courrier rapide » et le « courrier lent », tandis que les plis et les paquets sont traités dans des circuits différents. Le courrier rapide, dit aussi « J+1 », est censé être distribué vingt-quatre heures après son dépôt, le courrier lent est distribué à « J+3 » ou « J+4 ». Cette réforme du courrier à deux vitesses est alors mal perçue par les Français et suscite de vives polémiques, contraignant l'État à mettre en place une campagne de communication mobilisant des vedettes de l'époque, de Fernandel à Charles Aznavour en passant par Michel Jazy. Huit mois après sa mise en place, un premier bilan établit qu'environ 85 % des lettres parviennent à destination dans le délai prévu de vingt-quatre heures quand 95 % des plis non urgents sont délivrés dans un délai maximum de quatre jours, soit à peu près les délais d'avant 1969...

Petite histoire de La Poste

Cette réforme est aujourd'hui bien oubliée, mais elle mérite d'être rappelée car elle portait déjà pour une part la méthode et l'esprit de celles qui suivirent, allant plus radicalement dans la voie de la libéralisation et de la mise en concurrence. Cependant, dès 1969, La Poste souffre de la maladie de la « réformite ». On bouleverse, on réorganise pour un résultat nul. Du moins, à cette époque, le service postal n'est pas encore dégradé par la modernisation. On retrouve évidemment ce phénomène de réforme destructrice, de nos jours, dans d'autres services publics, au premier rang desquels l'Éducation nationale. Retour vers le passé : dans le magazine professionnel *Postes et Télécommunications*, on annonce en 1968 « *la fin de la "Poste de papa" qui se serait réorganisée pour adopter le visage commercial qui doit être maintenant le sien* ».

Vingt ans plus tard, en 1988, les P&T (appellation officielle depuis 1986) donnent naissance à La Poste d'une part et à France Télécom d'autre part. Les deux administrations évoluent en 1991 vers le statut d'établissement public industriel et commercial tandis que France Télécom devient en 2004 une société anonyme à capitaux privés et La Poste une société anonyme à capitaux publics en 2010. Le 1er janvier 2011, l'ouverture à la concurrence des marchés postaux, en conséquence des directives européennes de 1998 et 2002, connaît

Poste restante

son ultime étape avec la perte du dernier monopole concernant les lettres de moins de cinquante grammes – marché peu rentable encore aujourd'hui délaissé par les opérateurs privés. D'ailleurs, à partir de la fin des années 1990 et au début des années 2000, la courbe du trafic du courrier s'infléchit légèrement (2,5 % en 1998, 1,1 % en 1999 et 0,1 % en 2001), mais le processus de dérégulation des marchés postaux qui s'accélère en 2003 amplifie le phénomène (10 % de perte entre 2004 et 2007). Cependant, en ce début de XXIe siècle, le déclin du courrier demeure marginal et peut-être aurait-il pu être enrayé si la hausse continue du prix du timbre pour un service détérioré n'avait détourné une part du public de son usage tandis que les nouvelles technologies et Internet participent à la chute du trafic qui devient d'année en année une évidence constatée, entre déploration et soulagement, par les responsables de La Poste, les politiques et autres experts. En 2030, un siècle après la loi Sapey qui avait créé le service rural postal, y aura-t-il encore des bureaux de poste et des facteurs dans l'Hexagone ?

Que sont nos bureaux de poste devenus ?

Il suffit de prononcer les mots « La Poste » devant un interlocuteur pour que celui-ci confie aussitôt quelques expériences personnelles, en général peu à la gloire de l'entreprise. Courriers ou colis égarés, retards de distribution, agents peu amènes, avis de passage du facteur alors que l'on était chez soi : les griefs – justifiés ou non – sont récurrents à l'égard de cette Poste à laquelle les Français sont pourtant attachés. Dans le registre des délais surprenants dans la distribution du courrier, je me contenterai de citer une anecdote vécue. Voici quelques années, une carte postale envoyée depuis Versailles mit exactement vingt-sept jours (le cachet de La Poste faisant foi) pour arriver dans ma boîte aux lettres toulousaine. Vingt-sept jours pour parcourir une distance d'environ 800 kilomètres, un coursier à cheval ou à vélo aurait été plus rapide... À peu près à la même époque, une

Poste restante

autre carte postale expédiée depuis le Mali me parvint en un peu moins de quinze jours.

Pour ma part, la chose qui m'a le plus frappé dans mon rapport général à La Poste – celui d'un usager « moyen » comme tant d'autres – a été la prodigieuse métamorphose des bureaux en une vingtaine d'années. Moins de postiers, moins de guichets, remplacés par une foule d'automates et de machines, mais des agents d'accueil et des agents de sécurité qui naguère étaient rares ou totalement absents dans les petits bureaux. Drôle de temps. La rue de Rémusat, qui donne sur la place du Capitole, en plein cœur de Toulouse, peut même s'enorgueillir de présenter un bureau de poste entièrement automatisé. Ce petit bureau, particulièrement pratique du temps où il était servi par des postiers, car moins fréquenté que la poste centrale à quelques centaines de mètres de là, est donc depuis plusieurs années dénué de toute présence humaine. Quel progrès, n'est-ce pas ? Offrant naturellement moins de services qu'un bureau « traditionnel », il est de fait plutôt boudé par les usagers, d'autant que certaines de ses fonctionnalités (retrait d'argent, affranchissement de courrier...) sont régulièrement défaillantes. En résumé, il ne sert à rien et permettra ainsi à La Poste de justifier sa future fermeture, confirmant *a posteriori* la décision d'avoir supprimé les postiers de ce

Que sont nos bureaux de poste devenus ?

bureau. La stratégie est grossière, mais efficace : on dévalue, on déprécie, on amoindrit un service pour ensuite constater ses carences ou son inutilité. D'autres bureaux, à une époque que je daterais approximativement au début des années 2000, se mirent à ressembler à des boutiques comme les autres. Des écrans plasma y diffusaient en boucle de la publicité vantant les mérites de La Poste et de ses services financiers. On pouvait acheter des bibelots, des peluches, des téléphones portatifs ou des DVD, mais les timbres n'étaient plus exposés derrière des vitrines. D'ailleurs, vouloir acheter des timbres dans un bureau peut susciter étonnement ou incrédulité chez des agents qui n'ont pas de temps à perdre avec ces fantaisies d'un autre âge. Des timbres ? Pour quoi faire ? Vous n'y pensez pas ! Des machines distribuant des vignettes autocollantes sont à votre disposition. Je découvris aussi dans ces mêmes années 2000 que le tarif « lettre » par lequel j'envoyais des livres ou autres objets (et à l'occasion des bouteilles de vin...) n'était plus valide et qu'il fallait désormais choisir parmi d'autres options beaucoup plus coûteuses comme le Colissimo ou le Chronopost. Je contournai un temps ce racket en me dirigeant pour ces opérations vers des machines à affranchir qui – en dépit de mon aversion naturelle – présentaient l'avantage de ne pas « raisonner » et de ne pas me faire payer

Poste restante

plus cher un service jusque-là abordable. Il suffisait ensuite de glisser mon paquet-lettre dans les boîtes aux lettres réceptionnant les dépôts et le tour était joué. Hélas, les boîtes ont été normalisées et l'on ne peut guère y glisser un pli dépassant l'épaisseur réglementaire de trois centimètres. Autant dire qu'il ne faut pas compter expédier *Le Rouge et le Noir* ou *Les Frères Karamazov* sans passer par les tarifs Colissimo, soit près de 7 euros pour un tel envoi – environ le prix du livre de poche...

Une autre tendance des bureaux de poste modernes – et plus largement de la plupart des services auxquels nous avons affaire – est la prolifération d'agents d'accueil au détriment de ceux derrière les guichets. Cet « encadrement » du client peut se révéler utile pour orienter le béotien vers la borne ou la machine adéquate, mais exaspérant ou anxiogène quand il vire à l'accompagnement infantilisant ou à la surveillance tatillonne. L'un de ces excès de zèle est resté dans ma mémoire car je n'avais pas encore été soumis à ce nouveau mode de traitement des clients.

C'était un jour de juin 2010 et je me rendais au bureau de poste de la rue de Rennes à Paris en vue d'envoyer à mon domicile toulousain deux bouteilles d'armagnac et de whisky que l'on m'avait offertes la veille et que je ne pouvais ranger dans mon maigre bagage aérien. À peine étais-je entré

QUE SONT NOS BUREAUX DE POSTE DEVENUS ?

dans le bureau qu'une quinquagénaire au sourire commercial mais résolument inamical s'enquit de l'objet de ma visite. « *Je voudrais envoyer un paquet* », avancé-je comme si je devais me justifier d'un projet somme toute naturel dans un tel lieu. « *De quoi s'agit-il ?* » me rétorqua-t-elle. Presque gêné de sa curiosité, j'avouai l'ambition d'envoyer deux bouteilles. « *Deux bouteilles de quoi ? Quelle est leur valeur ? Parce que deux bouteilles, cela ne veut rien dire, cela peut être des saint-émilion ou...* » Peu disposé à me lancer dans une discussion œnologique avec la cheftaine postale ou à lui exposer pourquoi il ne pouvait s'agir *en aucun cas* de saint-émilion ni d'aucun vin de Bordeaux en général, je lui répondis sur un ton apte à conclure l'échange : « *Je ne connais pas le prix. Ce sont des cadeaux, c'est tout. Je souhaite juste les envoyer...* » Convaincue de l'inutilité de me proposer une quelconque assurance ou autre tarif surtaxé, elle me laissa accéder au guichet situé à peine un mètre devant moi où une autre préposée se prêta avec une gentillesse rassurante à ma banale opération. Dans la rue, je repensai à l'échange. Comment expliquer à cette femme, même en adoptant sa logique comptable, que mes bouteilles *n'avaient pas de prix*, qu'elles m'avaient été offertes par des amis chers un soir un peu particulier et que même leur valeur marchande ne correspondait pas à celle

Poste restante

qu'elles représentaient pour moi ? Je le savais, mais nous étions entrés depuis un moment dans une autre époque où même ce qui restait de nos services publics était obnubilé par le prix, la valeur d'échange, les espèces sonnantes et trébuchantes, et où le client était considéré comme un poulet à plumer.

Cet épisode me fit songer à une autre mésaventure, survenue à Toulouse des mois auparavant, lorsque je retirai un jour quelques centaines d'euros sur mon compte de La Banque Postale. La crise des « subprimes » était passée par là et l'ambiance portait plutôt organismes bancaires et boursicoteurs à l'affolement. L'agent qui me faisait face, que j'avais déjà côtoyé lors d'opérations anodines de retrait ou d'affranchissement de lettres, se mit à me suggérer avec insistance et force arguments d'ouvrir un Livret A du fait de mon pécule qu'il jugeait trop important pour dormir bêtement en ces temps de crise. Avec un demi-sourire benêt, je lui suggérai plutôt de se livrer à l'opération demandée, mais cet homme, que j'avais connu voici peu de temps débonnaire et affable, s'était mué en une sorte de hyène prédatrice prête à bondir de son guichet pour me poursuivre de ses avidités financières. Presque les larmes aux yeux, il se plia à ma demande tout en me recommandant de revoir ma position. Je garde un souvenir nauséeux de cet

Que sont nos bureaux de poste devenus ?

échange. Quelques mois plus tard, je le revis. Il avait quitté son guichet et guidait les clients dans le bureau de poste. Baissant la tête, je préférai me diriger vers un automate afin d'envoyer mon courrier. Ce postier, devenu littéralement possédé et changé en requin aux dents courtes, avant d'être relégué au rôle d'orientateur, ne devait sûrement pas être un cas à part. Il reflétait la pression que lui et ses collègues devaient subir afin de privilégier les activités bancaires et financières de l'institution dans ces temps de crise, de compression des effectifs, de fermeture des bureaux.

Car lorsque les bureaux de quartier ou de village n'ont pas été dénaturés et métamorphosés, ils ferment et sont remplacés au mieux par des points de contact, points relais ou points de retrait. Au nom, une fois de plus, de la rationalité économique, des nécessaires restructurations et réformes, on provoque des dommages collatéraux qui vont au-delà du déclin du « maillage territorial » qui est l'une des missions de La Poste. Nos élites politico-administratives n'ont pas pris la mesure du sentiment de déclassement, voire du traumatisme, éprouvé par les habitants de communes, particulièrement dans les campagnes et les zones rurales mais pas seulement, face à la fermeture de leur bureau de poste. Ou bien, plus grave, elles en savent les dégâts et préfèrent les ignorer. À l'instar de l'École,

Poste restante

La Poste incarne le service public à la française et l'État. La figure du postier et plus encore celle du facteur est parfois le dernier lien concret, vivant, humain qu'entretiennent des Français – isolés, souvent âgés – avec l'administration, avec la République, avec cette communauté nationale dont ils se sentent exclus, relégués. N'en déplaise aux logiques purement économiques, La Poste est un objet éminemment politique. Depuis des années, des études ont établi la corrélation entre la suppression des services publics et la progression du vote d'extrême droite. Dans une analyse portant sur les élections européennes de 2014, l'Ifop avait constaté que dans les communes de moins de 1 000 habitants, le vote FN variait en moyenne de 3,4 points en fonction de la présence ou de l'absence d'un bureau de poste, la fermeture du bureau accentuant évidemment le vote dit populiste. Pour ceux de nos responsables politiques qui ne cessent depuis des décennies de faire de « la lutte contre l'extrême droite » l'une de leurs priorités affichées, voilà qui devrait constituer une piste de réflexion et d'action. En résumant et en simplifiant : plus de facteurs, c'est moins d'électeurs RN. L'équation fonctionne aussi avec les écoles, les crèches, les hôpitaux, les lignes ferroviaires, les gares, toutes ces structures indispensables devenues des variables d'ajustement au gré des coupes dans

Que sont nos bureaux de poste devenus ?

le budget de l'État. Curieuse politique menée par les partis de gouvernement, supposés raisonnables et responsables, qui nourrit et aggrave les votes contestataires radicaux qu'ils disent vouloir résorber. Mais on sait depuis au moins Pascal que certains hommes chérissent les causes dont ils déplorent les effets.

Bref éloge du facteur

Le facteur occupe une place privilégiée dans notre imaginaire national et dans notre culture populaire. Ce lien n'est certes pas une exception française, mais il symbolise chez nous l'idée même du service public, constitutive de notre histoire. Nulle surprise de voir le facteur arriver régulièrement en tête des figures et des métiers préférés des Français avec le boulanger et le pompier. Le facteur est indissociable de sa « panoplie » : la sacoche naguère, le cabas, le vélo bien sûr, la voiture ou la camionnette dans les campagnes, sa tenue… Il incarne la proximité, la permanence, le rendez-vous quasi quotidien, la présence de l'État. Il nous accompagne tout au long de notre vie quand nos rapports avec d'autres agents publics comme le policier, le pompier ou l'infirmier sont – heureusement – beaucoup plus rares.

Il y a le facteur des villes et le facteur des champs. Ce dernier occupe un rôle encore plus essentiel dans des zones rurales reculées où il est parfois le seul ou l'un des rares contacts humains pour des personnes âgées et isolées. Il n'apporte pas seulement des factures, des journaux ou des magazines, mais une présence rassurante. Il est un interlocuteur avec lequel on discute de banalités ou de choses plus sérieuses, un intercesseur souvent plus efficace et disponible que les institutions agréées pour résoudre des petits problèmes du quotidien. Il dépanne, il conseille, il donne des nouvelles. Dans les villes, les relations avec les préposés sont devenues plus anonymes et circonstancielles, notamment en raison de la mobilité des facteurs qui changent régulièrement de tournée. Durant mon enfance et mon adolescence, dans les années 1970 et 1980 à Toulouse, j'ai connu – si je puis dire – le même facteur pendant au moins quinze ans. Deux tournées, l'une le matin et l'autre l'après-midi, le rendaient quasiment incontournable, notamment le mercredi où je n'avais pas classe et où j'attendais fiévreusement l'arrivée de *Télérama* dans la boîte aux lettres afin de découvrir les critiques cinématographiques de la semaine et les films programmés à la télévision. Petit, rondouillard, moustachu, le teint rosé, il correspondait parfaitement à l'image d'Épinal que l'on pouvait avoir de la profession.

Aujourd'hui, à peine ai-je le temps de me familiariser avec une silhouette, qui sonne de temps à

BREF ÉLOGE DU FACTEUR

autre afin de me déposer en mains propres des colis de livres trop imposants, que celle-ci cède la place à une autre. Je croise régulièrement des facteurs dans mon quartier et dans les rues de la ville. Des choses ont changé. Le métier s'est rajeuni, féminisé. Surtout, le rythme s'est accéléré. À pied ou à vélo, ils vont vite. Une urgence s'est instaurée. Leurs pas pressés et leurs slaloms à deux roues entre les passants témoignent de cette évolution. Ils n'ont plus le temps, plus de temps à perdre, n'en déplaise aux clichés longtemps en vigueur et qu'a repris avec tendresse le film de Dany Boon, *Bienvenue chez les Ch'tis*, sorti en 2008, dont l'extraordinaire succès en salles (plus de vingt millions d'entrées dans l'Hexagone) n'est sans doute pas étranger aux personnages de facteurs tenus par Dany Boon, et accessoirement par Kad Merad, ainsi qu'à la scène de leur tournée commune fortement alcoolisée... Aujourd'hui, les facteurs n'ont plus le loisir de boire un verre de blanc entre deux boîtes aux lettres, mais ils ont la gueule de bois.

Soixante ans avant Dany Boon, Jacques Tati avait mis en scène et interprété dans *Jour de fête* un autre facteur inoubliable. On y découvrait un brave préposé à bicyclette, insouciant et paisible, et on le voyait – après la vision d'un reportage d'actualités sur les nouvelles méthodes des services postaux en Amérique, où la distribution du courrier au gré de cascades et de parachutages s'apparentait au scénario explosif de ce que l'on n'appelait pas encore un « blockbuster » – se muer en une sorte d'homme d'action trépidant et hystérique ne jurant plus que par la rapidité. « *À l'américaine ! À l'américaine !* » ne cessait de marteler notre facteur devant l'incrédulité de ses interlocuteurs face à cette transformation provoquant tensions et catastrophes. Dès l'immédiat après-guerre, Tati avait eu l'intuition géniale et visionnaire qu'une guerre allait se jouer entre la tradition d'un certain art de vivre et une modernité dissimulant, sous des dehors aussi émancipateurs qu'enjôleurs, sa puissance destructrice. Ses autres films ne diront pas autre chose, opposant la poésie à la rationalité, la lenteur à l'efficacité, l'artisanat à la technique, la bicyclette à la bagnole, le monde de l'enfance à celui des adultes. Mieux qu'un sociologue ou qu'un historien des temps présents, il a su saisir les mutations anthropologiques induites par les Trente Glorieuses et le règne des machines, la standardisation et l'uniformisation. Il avait compris que la réussite, le confort, le progrès ne valent pas grand-chose si personne ne connaît plus personne, si la vie authentique disparaît à travers de faux échanges et une accélération continue des modes d'existence.

BREF ÉLOGE DU FACTEUR

La métamorphose pressentie par Tati dans *Jour de fête* est presque devenue réalité, pas tout à fait dans sa forme stricte, mais dans son esprit. Le facteur n'est plus ce fonctionnaire tranquille et cependant consciencieux, ce familier des rues ou des chemins qu'il connaissait comme sa poche, ce personnage public appartenant un peu à chacun d'entre nous. Les facteurs sont maintenant numérisés, chronométrés, « augmentés », affublés de mille tâches ne relevant pas de leur ressort puisque leur cœur de métier – distribuer du courrier – est, dit-on, appelé à disparaître. En attendant cette disparition qui semble souhaitée et même encouragée par les hautes instances postales, le facteur est toujours là. Un pied dans le monde ancien, un pied dans le monde nouveau, il est absorbé, remodelé, formaté par un système techno-marchand aussi déstructurant qu'absurde.

Le facteur ne sonne plus deux fois

Le facteur sonne toujours deux fois, annonçait le titre du roman noir devenu culte de James Cain, paru en 1934, adapté à deux reprises au cinéma et dans lequel il n'est d'ailleurs aucunement question de facteur réel ou symbolique. Loin du titre de Cain, il est fréquent désormais que le facteur ne sonne plus du tout, même en cas de courrier recommandé, de colis remis à signature ou simplement de colis n'entrant pas dans la boîte aux lettres. Qui n'a pas découvert un avis de passage alors qu'il était chez lui ou, pire encore, qu'il attendait la réception d'un Chronopost dont l'arrivée était pourtant annoncée par moult SMS ? À la décharge de ces facteurs trop pressés, qui ne sont pas non plus la norme, il faut souligner que leurs tournées s'allongent, que les cadences augmentent, que la baisse du trafic du courrier distribué n'empêche pas le nombre de boîtes aux lettres de particuliers de croître, ainsi que le flux de colis en expansion constante, tandis que les effectifs diminuent drastiquement (on comptait 100 000 facteurs en 2007 pour 65 000 en 2022).

Cette détérioration des conditions de travail des facteurs a un nom : la réorganisation. Ces réorganisations de la distribution postale ont lieu tous les dix-huit à vingt-quatre mois et se traduisent donc en premier lieu par la suppression de tournées et l'allongement inévitable d'autres. La modification du tracé des tournées, qui s'accompagne de la suppression de postes de facteurs, entraîne aussi des changements d'horaires du passage du facteur, parfois relégué en fin d'après-midi, y compris dans des quartiers centraux de grandes villes. Plus grave encore, des tournées ne sont pas achevées et le passage du facteur le samedi relève bien souvent de l'exception. Qui planifie ces réorganisations ? Des bureaucrates, des gestionnaires et surtout un logiciel (Géoroute), qui modélise les itinéraires et les cadences à la minute ou à la seconde près. Mais le fonctionnement de ce logiciel et les algorithmes utilisés sont configurés de façon très opaque pour accoucher d'une logique immuable : augmenter la charge de travail dans un temps toujours plus réduit. Face au refus de La Poste de fournir des informations sur le fonctionnement de son logiciel qui fixe des « normes et cadences nationales », des

Le facteur ne sonne plus deux fois

CHSCT (Comité d'hygiène, de sécurité et des conditions de travail) adossés à des cabinets d'expertise agréés par le ministère du Travail l'ont assignée en justice afin d'obtenir ces éléments. Cette saisine de la justice s'est multipliée ces dernières années au gré des réorganisations des centres de courrier. Devant le tribunal de grande instance de Nancy en novembre 2019, La Poste n'a pu produire les données censées avoir été utilisées pour établir les nouvelles cadences. Face à cette perte ou à cette destruction des données, le tribunal a suspendu le projet de réorganisation en question en avançant un argument d'un bon sens imparable : « *les normes utilisées ne sont pas raisonnablement utilisables s'il est impossible, à un quelconque moment, de les justifier par les mesures qui en sont le fondement* ».

En 2018, le tribunal de grande instance de Dieppe, saisi lui aussi par un CHSCT et un cabinet d'expertise pour contester une réorganisation supprimant sept tournées sur une cinquantaine, découvrit un étonnant document fourni par La Poste. L'outil de mesure du temps et des distances faisait traverser des murs d'immeuble aux facteurs sur une tournée de la commune de Neuville-lès-Dieppe. On pouvait voir là un hommage à la célèbre nouvelle *Le Passe-muraille* de Marcel Aymé, mais les magiciens de La Poste produisirent également un document traçant un trajet passant au-dessus d'un des bassins du port de Dieppe, sans qu'il existe de pont à cet endroit-là. Après le facteur passe-murailles, le facteur volant. D'autres éléments farfelus et inutiles furent présentés en masse, ce qui n'empêcha pas La Poste d'être condamnée le 23 janvier 2019 à remettre des documents précis permettant d'évaluer son projet sous peine d'une astreinte de 2 000 euros par jour de retard. Après la confirmation de la condamnation par la cour d'appel de Rouen en octobre 2019, La Poste fournit de nouveaux documents au cabinet d'expertise, mais ce n'étaient toujours pas les bons. Le TGI de Dieppe condamna donc le 7 février 2020 l'opérateur postal à verser 60 000 euros au cabinet d'expertise au titre des liquidations d'astreintes précédentes et ordonna une nouvelle astreinte de 2 000 euros par jour de retard. Finalement, le 14 février 2020, La Poste annonça l'abandon de son projet de réorganisation.

On touche là l'un des aspects les plus déconcertants – pour ne pas dire délirants – de la modernité libérale et de ses méthodes de management. On imagine une rigueur scientifique, des chiffres et des statistiques au cordeau, des outils et des informations incontestables produits par des machines dopées à l'intelligence artificielle. On découvre des normes qui ne reposent sur rien, des logiciels qui

Le facteur ne sonne plus deux fois

ne sont pas logiques, des modélisations absurdes, des réorganisations qui désorganisent, une rationalisation irrationnelle... C'est Kafka revu par les Monty Python. Le monde réel et la raison s'évanouissent dans l'abstraction et dans des projections folles qui visent des objectifs irréalisables. Au mieux, nous sommes dans le domaine de l'incompétence et du non-sens. Au pire, dans le mensonge et la dissimulation. Ces réorganisations font l'objet de fortes mobilisations et de mouvements de grève de postiers à travers toute la France (ainsi que de citoyens et d'élus), mais ces protestations sont tellement morcelées, disséminées dans l'espace et le temps du fait même de la mise en place locale des réorganisations, qu'elles passent presque inaperçues, permettant au travail de sape de se poursuivre.

Toujours dans le domaine de la réorganisation, un nouveau système de distribution du courrier est testé depuis le mois de mars 2023 dans soixante-huit lieux d'expérimentation avant une possible généralisation en 2024. Le secteur attribué au facteur est ainsi divisé en une zone dite « dense » et une zone « allégée ». Dans la première se trouvent des usagers considérés comme prioritaires en raison du flux de courrier reçu tandis que les usagers de la seconde ne sont desservis qu'en cas de courriers urgents comme la presse quotidienne ou les recommandés. La zone dense continue de recevoir la visite quotidienne du facteur qui n'est plus qu'aléatoire dans la zone allégée. L'objectif est clair : densifier, « optimiser » les tournées avec la possibilité à terme de supprimer des postes. Que devient l'obligation légale de distribution du courrier six jours sur sept ? Dans les principes, elle existe toujours. Dans la pratique, elle n'existe plus. C'est la prestidigitation ou l'enfumage élevé au rang d'art. Cette stratégie n'a été rendue possible que par la disparition, le 1er janvier 2023, du timbre rouge impliquant une distribution à J+1 et l'allongement de J+2 à J+3 du timbre vert. En supprimant les courriers urgents, il n'y a effectivement plus de raison de les distribuer... Pierre Dac ou Alfred Jarry, génies de l'absurde, n'auraient pas trouvé mieux.

Par ailleurs, les facteurs doivent assumer un nombre grandissant de services et d'activités, toujours plus variés. Livrer des repas ou des médicaments à domicile, faire passer le code de la route, relever les compteurs de gaz, aider à remplir les déclarations d'impôts sur Internet, démarcher des foyers afin d'établir un diagnostic énergétique, mettre en service des tablettes digitales chez des personnes âgées, collecter le papier et le carton à recycler auprès des entreprises, signaler aux collectivités locales, *via* l'envoi de photos, les problèmes

LE FACTEUR NE SONNE PLUS DEUX FOIS

de voirie, les tags ou les encombrants : tout cela fait partie du panel de « services de proximité » assurés par des facteurs. Cet inventaire pourrait s'allonger opportunément. Pourquoi ne pas les reconvertir en policiers municipaux, infirmiers (même si l'on y vient), éboueurs, conducteurs de bus, promeneurs de chiens, agents d'ambiance ou cireurs de chaussures ? Nul doute que La Poste trouverait là quelques revenus supplémentaires.

La ruse ou le génie du capitalisme, selon le point de vue, consiste à faire basculer dans le domaine marchand des choses qui ont toujours été gratuites. Et il fait preuve d'une imagination sans limites pour transformer ce qui relevait du don et du désintéressement en espèces sonnantes et trébuchantes. Ainsi, qui aurait imaginé dans un passé récent que la pratique de l'auto-stop deviendrait payante *via* le covoiturage initié par des plateformes numériques ?

Dans le registre du cynisme et de la voracité mercantile, la Poste s'est distinguée avec le lancement en mai 2017 du service « Veiller sur mes parents » promu alors par une vaste campagne de spots publicitaires télévisés lénifiants. Dans sa maison, sur un fond musical doucereux, une vieille dame s'adresse à la photographie de son mari défunt : « *Tu te rends compte qu'à l'époque, ils gardaient les parents à la maison !* » Ben oui, et cette époque n'est pas encore tout à fait révolue. La sympathique mamie ajoute : « *On ne fait pas des enfants pour qu'ils s'occupent de nous.* » Non, bien sûr, mais dans des sociétés ou des civilisations décentes, dans certaines familles, y compris en France, il n'est pas rare que des enfants s'occupent de leurs parents âgés et ne placent pas ceux-ci dans des Ehpad qui sont parfois des mouroirs dont les clients subissent des mauvais traitements. Mieux que des enfants aimants et protecteurs, la mamie mise en scène par La Poste a auprès d'elle Jean, un jeune et souriant postier auquel elle confie : « *Ça me fait plaisir quand tu passes me voir.* » Quel touchant tableau...

Ce système, évidemment louable de prime abord puisqu'il affiche la volonté d'« *éviter l'isolement des personnes âgées et rassurer les proches d'un parent vieillissant* », a accompli un renversement assez incroyable en faisant payer – à des tarifs plutôt onéreux – ce qui était jusque-là accompli gratuitement et *naturellement* par la plupart des facteurs. À l'occasion ou régulièrement, en particulier dans les villages et dans les campagnes, ceux-ci échangeaient quelques mots avec certains de leurs usagers, prenaient de leurs nouvelles, rendaient un menu service, s'attablaient un instant pour boire un café... Ces échanges, relevant de l'humanité et de la décence ordinaire, n'avaient pas été inscrits dans leur cahier des charges. Ils s'étaient simplement

Le facteur ne sonne plus deux fois

imposés et faisaient partie du rôle « social » du facteur. Depuis 2017 donc, ce « service » est payant et chronométré. Des formules, de 19,90 euros par mois pour une visite hebdomadaire à 139,90 euros pour six visites par semaine, quantifient le temps humain disponible et le prix à payer pour les clients. Faudra-t-il à l'avenir payer pour un sourire ou un « Bonjour » ? A-t-on vraiment mesuré le degré de déliquescence morale et de cupidité atteint par une entreprise à capitaux publics, c'est-à-dire par notre pays, pour en arriver là ? Par quelle perversion une telle marchandisation a-t-elle pu s'imposer dans les rapports les plus élémentaires rebaptisés « interactions sociales » par la novlangue managériale ?

Pendant le premier confinement provoqué par l'épidémie de Covid, La Poste annonça la gratuité de « Veiller sur mes parents », enfin plus précisément la gratuité d'« *une visite hebdomadaire de lien social [...] à toutes les personnes qui souhaitent en bénéficier* ». Dans les faits, un postier téléphonait aux clients pour proposer la visite et fixer le passage du facteur chargé de « *prendre de ses nouvelles et d'échanger sur les sujets qui l'intéressent* » (sic) selon les termes du communiqué émis par le groupe public. Une simple conversation téléphonique était également une option. Faut-il voir dans ce geste commercial un vague remords, ou plus sûrement un moyen de compenser aux yeux des usagers et des pouvoirs publics la défaillance de La Poste qui n'assura plus ses missions de base – bureaux fermés, pas de distribution de courrier... – lors du premier confinement ?

Lesté pour sa part de missions inédites, le facteur se retrouve ainsi, parmi d'autres, au cœur d'une nouvelle conception du travail selon laquelle – en caricaturant à peine – n'importe qui pourrait faire n'importe quoi, moyennant quelques heures ou quelques jours de formation. Un rêve pour les tenants d'un marché du travail vraiment flexible, souple, où les individus s'adaptent à ses exigences sans rechigner. Dans cette vision, les compétences, le savoir-faire, l'expérience, l'intelligence de la main et de l'esprit deviennent interchangeables et par là même secondaires, voire négligeables et dérisoires. Place au salarié « couteau suisse », à l'homme ou à la femme élastique.

Durant les années 1980, avec le ralliement de la gauche de gouvernement à l'économie de marché et à la financiarisation de cette même économie, s'est répandu un discours économico-managérial – propagé dans les grands médias par un Jacques Attali, un Laurent Joffrin ou un Alain Minc, pour ne citer qu'eux – expliquant aux Français qu'il faudrait désormais s'habituer à exercer plusieurs métiers au cours de leur existence sous couvert du

LE FACTEUR NE SONNE PLUS DEUX FOIS

« *droit à la formation tout au long de la vie* ». Bien sûr, nombre d'entre eux n'avaient pas attendu les recommandations de ces beaux esprits pour changer d'orientation professionnelle ou d'activité, mais cette injonction à la « flexibilité » et à la « souplesse » – deux maîtres mots dans la bouche des partisans d'un libéralisme sans entraves – s'adressait avant tout aux fonctionnaires et futurs fonctionnaires, dont la sécurité de l'emploi et la relative permanence des tâches sont, pour beaucoup, perçues comme des « archaïsmes », des freins à la perpétuelle adaptation au libre marché et à ses nouveaux besoins.

Cette logique est désormais poussée à son extrémité et le sort du facteur en est la criante illustration. Il ne s'agit plus d'exercer plusieurs métiers au cours de sa vie, mais d'exercer plusieurs métiers *en même temps*, selon cette formule devenue une sorte de mantra chez une partie de nos élites. Ainsi, les nouvelles activités de livraison de repas à domicile, développées notamment par des plateformes étrangères, ne concernent pas seulement une main-d'œuvre d'étudiants ou de travailleurs étrangers, mais aussi de travailleurs précaires trouvant là un petit revenu d'appoint. Bien qu'ils soient baptisés « autoentrepreneurs », ces travailleurs subissent des conditions d'exploitation inédites dans un pays régi par un code du travail jugé trop contraignant par les libéraux. Le modèle américain, où certaines populations doivent cumuler plusieurs jobs pour tenter de gagner leur vie décemment, se répand.

Certes, le statut des facteurs n'est pas comparable à celui de ces cyclistes arpentant à vive allure les centres-villes afin de nourrir des consommateurs souvent trop paresseux pour aller chercher eux-mêmes leurs pizzas, leurs sushis ou leurs hamburgers à cinq cents mètres de leur domicile – même si La Poste a aussi investi le secteur de la livraison de repas à domicile *via* certaines de ses filiales. Pourtant, le facteur multitâche qui veille sur « nos aînés », qui fait passer le code de la route, qui signale les tags sur les murs, qui collecte les papiers usagés, connaît une dépossession de son métier de base. On imagine que certains – en particulier les plus jeunes qui n'ont parfois connu que ce modèle – acceptent de répondre et de s'adapter à la diversification des activités imposée par La Poste. On imagine aussi que d'autres perçoivent cette pression visant à les transformer en « hommes à tout faire », malléables et adaptables à merci, comme un dévoiement de leur mission. Quelle dignité, quelle estime de soi, quel sens de l'amour du « travail bien fait » peuvent-ils subsister à l'ère du métier perpétuellement extensible, mouvant, incertain ?

Le facteur ne sonne plus deux fois

Le sociologue américain Richard Sennett a magistralement analysé ce « *travail sans qualités* » qui prévaut dans le capitalisme moderne, un travail fragmenté en états provisoires et précaires dictés par la religion du changement continu et accéléré. En 2022, un autre sociologue, Philippe d'Iribarne, étudiait dans *Le Grand Déclassement* les rapports des Français au travail et la déception ou le désamour de plus en plus grand qu'ils éprouvent vis-à-vis de leurs métiers. Selon l'auteur, de nouvelles formes d'organisation ont abaissé l'autonomie des employés, leur maîtrise, leur capacité d'expertise, de décision, et sont l'une des causes de ce malaise dans le travail : « *Une image nouvelle du "manager", d'inspiration américaine, portée par les consultants et les établissements d'enseignement, s'est répandue. On ne demande plus à celui-ci de connaître le métier de ceux qu'il dirige, de les aider à résoudre les problèmes qui les dépassent et de leur transmettre son savoir, moins encore de se fier à leur jugement quand ils en ont la compétence suffisante. Le rôle du manager est désormais de fixer à ses subordonnés des objectifs aussi précis et quantifiables que possible et d'évaluer leur travail en fonction du degré de réalisation de ces objectifs.* » Dans cette optique, « *tout ce qui, dans le concret de la vie de travail, demande une prise en compte de la singularité de situations concrètes tend à être ignoré des managers qui, du coup, ne voient pas pourquoi ils accepteraient la marge de manœuvre qu'exige cette prise en compte* ». Des politiques d'évaluation et des consultants hors-sol sont mobilisés, mais ils ignorent souvent les logiques professionnelles et la réalité des rapports sociaux. L'incompétence et l'ignorance dictent leurs lois. Pourtant, le discours et la stratégie de cette idéologie managériale sont immuables : « *il est proposé à nouveau d'accéder enfin à une vraie rationalité mettant fin aux résistances "archaïques" au lieu d'admettre que l'on a fait fausse route en ignorant la réalité sociale. Périodiquement, le même mirage conduit à reproduire en pure perte la même mobilisation de l'entreprise au service d'une nouvelle réforme* », souligne Iribarne. Les facteurs confirmeront. Dès 2003, Jean-Pierre Le Goff, sociologue et philosophe, avait trouvé la formule parfaite pour définir la « *modernisation aveugle* » à l'œuvre dans les entreprises privées comme publiques soumises aux nouvelles méthodes de management : « *la barbarie douce* ». Cette barbarie a gagné du terrain.

À La Poste, comme ailleurs, on rentabilise, on évalue, on réforme, on rationalise, on maximalise, on déshumanise, puis on remet « de l'humain » de façon superficielle et marchande tandis que l'emprise des machines s'amplifie. Depuis 2012, avec le déploiement du programme Facteo, nos

LE FACTEUR NE SONNE PLUS DEUX FOIS

facteurs sont équipés de smartphones et d'applications dédiées qui les rendent traçables et géolocalisables en permanence. On devine qu'avec un tel Big Brother il n'est plus question de faire une pause ou de perdre quelques minutes avec une personne âgée non abonnée à « Veiller sur mes parents ». Missionné par le ministre de l'Économie et des Finances Bruno Le Maire, l'ancien député Jean Launay a remis en mai 2021 au gouvernement un rapport sur « Les mutations du service universel postal ». Ce document, rédigé dans un sabir technocratique et abscons, où l'adjectif « *acerbe* » est utilisé plusieurs fois à la place d'« *exacerbé* », dresse aussi le portrait du facteur d'aujourd'hui et de demain en suscitant un mélange de rire et d'effroi.

Voici donc le « facteur augmenté » qui incarne « *la puissance combinée des réseaux physiques et du numérique* ». « *Le facteur augmenté, porteur de proximité, embarque avec lui la santé comme sujet stratégique ; il est aussi porteur de l'inclusion numérique ; il emporte l'adhésion politique sur l'avenir de l'entreprise comme tiers de confiance des services en territoire. Le service à la personne et l'inclusion numérique pourraient être intégrés dans le périmètre des missions de service public confiées à La Poste, ouvrant ainsi la voie à l'hypothèse d'une cinquième mission* », écrit notre Elon Musk du pauvre, qui voit dans ce facteur du XXIe siècle, « *collecteur de données* », la

Poste restante

réponse à l'« *illectronisme et au mal-être numérique* ». « *Le facteur "augmenté" peut aussi être appelé "postier aidant-connect sur pattes".* », nous apprend encore ce bon monsieur Launay droit sur ses pattes. Nous voilà bien. Dans quel pays vivons-nous ? Jacques Tati, réveille-toi, ils sont devenus fous…

Quand j'étais postier

De 1987 à 1993, j'ai travaillé lors des vacances scolaires à la grande poste de Toulouse, la Recette Principale, celle-là même où œuvraient mes parents. Quatre à six semaines l'été, parfois un peu plus car la rentrée universitaire n'avait lieu que début octobre, une semaine à Noël, deux semaines à Pâques, des extras par-ci par-là : j'ai dû être postier une bonne douzaine de mois. Une brève expérience à l'échelle d'une vie qui me permit néanmoins de gagner une connaissance concrète d'une part de ce métier. Les saisonniers (souvent fils ou filles de postiers) effectuant ces remplacements d'agents titulaires en vacances étaient facteurs, guichetiers (rarement), manutentionnaires ou affectés au tri. Facteur était la fonction la plus ardue. Il fallait d'abord suivre une formation d'une quinzaine de jours pour « apprendre » la tournée auprès du titulaire, à savoir les trajets les plus efficaces, les secrets des halls d'immeubles, des impasses, des boîtes à lettres difficilement accessibles et autres subtilités. Pour certains novices, les premières tournées pouvaient s'achever à 15 heures et même plus tard, quand le titulaire terminait les siennes autour de midi... Mes premières vacations me virent hériter d'un poste plus confortable : le tri des plis destinés à l'étranger et celui des colis postaux. Une fois que je fus familiarisé avec mon casier et sa vingtaine de destinations, le tri des lettres devint une formalité. Manier les colis et les ranger dans une douzaine de sacs différents qu'il fallait ensuite fermer se révéla un peu plus physique, mais il n'y avait là rien d'éreintant.

Quant aux horaires, ils se déroulaient en demi-journées pour les agents affectés au tri et à la manutention : de 6 h 30 à 12 h 30 (avec des nuances selon les fonctions de chacun) le matin, de 12 h 45 à 19 h 15 l'après-midi. Du lundi au vendredi, une « brigade » enchaînait un après-midi et une matinée de travail, puis un après-midi et une matinée de repos avec un samedi matin de travail sur deux selon les rotations. J'officiai donc dans ce système régissant le fonctionnement de ce que l'on nommait « l'arrière » (en opposition aux agents des guichets au contact avec le public, de ceux des services financiers, des télécommunications ou de la direction travaillant dans des

QUAND J'ÉTAIS POSTIER

bureaux, ou encore des facteurs opérant dans leur propre zone avant et après leur tournée). L'expression « l'arrière », si l'on se réfère à son sens en temps de guerre, pouvait suggérer une position de « planqués » au regard de ceux envoyés au front des guichets et des tournées. Ce n'était que très partiellement et très inégalement vrai, même si le contact avec des usagers ou les tournées des facteurs se révélaient en principe plus éprouvants.

Pour ma part, je ne goûtai guère aux douceurs supposées de l'arrière, car après ma relative sinécure à « l'étranger », je fus muté à la manutention. C'était le travail le plus dur. Nous commencions tôt le matin, autour de 6 h 30, pour finir à 12 h 45 ; nous embauchions à 12 h 45 jusqu'à 19 h 15, parfois plus tard le soir. Surtout, l'activité était aussi variée que physique. Il fallait relever les différentes boîtes aux lettres du bureau, récupérer colis et paquets aux guichets, distribuer ces colis aux agents chargés de leur tri, les trier pour une part puis déposer des sacs de jute remplis de colis (5 à 20 kilos) dans les grands chariots métalliques réservés à cet effet. Quant aux lettres, nous devions procéder à un premier tri sur une grande table de cinq à six mètres de long sur deux de large avant de les apporter à d'autres agents chargés de les affranchir mécaniquement. Ensuite, nous récupérions ces lettres dans des barquettes rangées à leur tour sur des structures métalliques. En résumé, il fallait manier de la barquette, des bacs, des sacs, des chariots de diverses tailles (les plus grands étant nommés conteneurs). Le plus stressant et le plus usant était l'arrivée et le départ des deux camions, acheminant tous ces plis et paquets vers un autre central postal deux fois par demi-journée, ou bien nous livrant d'autres plis et paquets destinés à être trier dans notre bureau.

Le temps était compté, les chauffeurs pressés (mais pas forcément au point de donner un coup de main aux manutentionnaires devant charger leurs camions). L'ultime « levée » de la journée avait lieu juste autour de 19 heures. À cette heure-là, plus aucune lettre ni le moindre paquet ne devaient subsister dans les zones de tri. Un inspecteur veillait. Les dernières lettres dans les boîtes étaient relevées autour de 18 h 50, les derniers paquets aux guichets à 18 h 58 ou 18 h 59, le bureau fermant à 19 heures. À 19 h 15, tout devait avoir été trié, rangé dans les structures adéquates elles-mêmes disposées à l'intérieur des camions. Un sac mal refermé par les ficelles qui brûlaient les mains et menaçant de déverser ses paquets, les grilles d'un conteneur mal fixées ou un bac à lettres placé sur le mauvais chariot pouvait coûter de précieuses secondes, nécessiter le renfort de collègues et l'acrimonie des chauffeurs.

Quand j'étais postier

En rentrant chez moi, autour de 20 heures, j'avais souvent mal au dos, mal aux bras et les doigts rougis par le contact abrasif des sacs postaux, le maniement de centaines de lettres et de paquets, le convoyage des containers. Cette fatigue n'était pas forcément désagréable. D'abord, parce que je la savais provisoire et que je n'envisageais pas de faire carrière dans ce métier, mais aussi parce qu'elle m'indiquait que j'avais accompli ma tâche. De toute façon, je n'avais guère le loisir de trop cogiter. Le lendemain matin, le réveil sonnerait à 5 heures. L'été, nous étions quatre manutentionnaires à l'œuvre, l'hiver plutôt cinq. Cet effectif pouvait fondre d'une unité en raison des absences pour cause de maladie ou sans justification particulière. Il est vrai que nos équipes de manutentionnaires comptaient quelques éléments que le langage commun qualifierait de « cas sociaux ». Il y avait ce trentenaire rondouillard, exubérant, sympathique, dont les excès de dynamisme et d'enthousiasme signalaient auprès de ses collègues aguerris un prochain arrêt de travail. L'encadrement usait tour à tour de la menace et de la bienveillance à son égard, sachant qu'il était dépressif et s'était fait prescrire des médicaments supposés le soulager. Il pouvait « disparaître » plusieurs jours, sans avoir averti quiconque et sans répondre au téléphone.

Poste restante

Un jour, lors de l'une de ses absences, un collègue l'aperçut immobile sur un quai de la gare Matabiau. Il prit de ses nouvelles. Le manutentionnaire en déshérence lui répondit qu'il regardait passer les trains.

Un autre manutentionnaire était lui aussi sujet à de régulières absences. Ce géant d'un bon mètre quatre-vingt-dix, le crâne largement dégarni, présentait le visage archétypal d'un alcoolique bien qu'il ne bût jamais, semblait-il, sur son lieu de travail. On le disait consommateur d'anxiolytiques, ce que paraissait confirmer son élocution difficile et pâteuse. Il se présentait au travail portant une chemise trop grande, largement ouverte, et un pantalon également trop grand qu'une ficelle, servant d'habitude à fermer les sacs postaux et faisant office de ceinture, empêchait de tomber. Cette allure, par ailleurs trahissant une hygiène aléatoire, lui valait des remontrances de l'encadrement qui ne perturbaient pas son indifférence générale. En outre, cet homme sans âge n'était pas toujours bien vu de certains de ses collègues, non principalement en raison de sa tenue, mais d'une paresse qui, dans un certain sens, forçait l'admiration tant elle relevait par moments de l'art de passer entre les gouttes. Une pause-café s'étirait durant dix minutes, relever les courriers aux boîtes lui permettait de s'évaporer

Quand j'étais postier

pendant un quart d'heure. Ses collègues compensaient donc les lacunes du tire-au-flanc sans vraiment lui en tenir rigueur, le temps ayant imposé comme une évidence son statut singulier tandis que son caractère débonnaire et quelques bons mots, que ce mutique réservait à des occasions bien senties, effaçaient vite les griefs. Quant à moi, je dois reconnaître que lorsque je travaillais avec lui, en particulier dans des équipes réduites, il accélérait le rythme et tenait son rang, me donnait même un coup de main à l'occasion. Apparemment, il ne voulait pas que le petit étudiant pâtisse des conditions qu'il réservait à ses camarades titulaires.

La manutention n'avait pas l'exclusivité de ces profils d'êtres un peu perdus, inadaptés, dépressifs. Je me souviens d'une femme, à laquelle on aurait donné plus de soixante ans mais qui devait en avoir dix de moins, chargée du tri et de l'affranchissement, dont la présence donnait des sueurs froides à ceux qui devaient travailler avec elle. Indiscutablement alcoolique (ses pauses aux toilettes lui servant à l'évidence à boire) et négligée, elle était incapable d'accomplir correctement le travail le plus simple, comme celui d'affranchir des lettres *via* une machine. Là encore, malgré le handicap qu'elle représentait pour la brigade qui l'accueillait, une bienveillance générale l'entourait. Si elle avait perdu son emploi, nul doute que cette femme

Poste restante

aurait sombré dans la clochardisation dans les plus brefs délais. J'ai connu bien d'autres personnalités « spéciales », tel ce manutentionnaire ressemblant à un Daniel Auteuil sous cortisone. Jeune quadragénaire, il était réputé – on me le signala aussitôt – pour son caractère déplorable, ses excès verbaux, une misanthropie avec une forte pente misogyne. Même les cadres avaient du mal à canaliser les mauvaises humeurs de celui qui aimait se présenter comme un célibataire endurci et averti. Privilège de la jeunesse et de mon statut de postier éphémère, il fit preuve avec moi non pas de cordialité, mais de relations normales et apaisées que beaucoup m'enviaient.

Au-delà de ces individus pouvant valider les clichés à la peau dure sur des fonctionnaires fainéants (l'acronyme PTT étant naguère synonyme, chez certains, de « petit travail tranquille »), j'ai surtout rencontré des postiers habités par l'idée du travail bien fait et du service rendu au public. Y compris chez ces manutentionnaires, gratifiés d'une rémunération excédant de peu le salaire minimum, qui exerçaient un travail ingrat, répétitif et physique en s'acquittant de leur rôle avec une application et une abnégation remarquables. Grâce à ma petite expérience, j'ai saisi ce qu'était la notion de service public de manière plus incarnée et réelle que ce que des professeurs m'en diraient plus tard. Au ras

Quand j'étais postier

des lettres et au milieu des sacs postaux, j'ai compris la mission consistant à effectuer une tâche apparemment anodine, mais qui s'inscrit dans une chaîne d'autres tâches et dont la bonne exécution se répercute au sein de la collectivité.

J'ai découvert des gens souvent plus cultivés que la moyenne, ouverts, curieux, engagés, politisés, alors que l'époque était déjà dans le brouillage des lignes, la confusion et la dilution des idées dans une logique économique et managériale portée par la figure du « battant », du « gagnant », du chef d'entreprise dont Bernard Tapie devint le symbole officiel promu même par le président de la République de l'époque. Les postiers que je croisais étaient nombreux à être syndiqués à la CGT, à la CFDT, à FO, à SUD PTT, qui apparut en 1988. Par son engagement de militant anarchiste et pacifiste, passé par la CFDT, imprégné des sensibilités écologistes ou autogestionnaires alors en vogue dans ces courants-là, mon père affichait un anticommunisme raisonné envers le bloc de l'Est, le PCF et son relais syndical la CGT. Moi aussi, autant par conviction antitotalitaire que par aversion pour le sectarisme et le mépris de la vérité dont faisaient preuve les militants communistes, alors nombreux, côtoyés au lycée ou à la faculté. Pourtant, et mon père le reconnaissait, la plupart des syndicalistes cégétistes de la grande poste de

Poste restante

Toulouse échappaient à la caricature du militant borné et aveuglé par l'idéologie. Ceux avec lesquels je travaillais étaient vaillants, solidaires, consciencieux, sympathiques. Certes, ils n'aimaient guère les cadres, la direction, bref « les patrons ». Plus qu'une hostilité de principe, cela témoignait d'une conscience de classe et des rapports conflictuels qu'entretiennent les classes sociales. On peut le regretter, mais la lutte des classes existe bel et bien. Même le milliardaire américain Warren Buffet en convint dans les années 2000 en énonçant avec franchise : « *La lutte des classes existe et nous l'avons gagnée.* »

En septembre 1991, j'intégrai l'Institut d'études politiques de Toulouse en deuxième année sur dossier (j'étais titulaire d'une maîtrise d'histoire) et concours après une épreuve de culture générale. Je continuais, plus épisodiquement, à travailler à La Poste. À l'IEP de Toulouse, des professeurs ou des maîtres de conférences, essentiellement de droit administratif, à l'occasion de droit communautaire et de sciences politiques, nous faisaient cours sur les politiques publiques, la réforme de l'État, les services publics. « Réforme » et « adaptation » étaient leurs maîtres-mots. Michel Crozier et Pierre Rosanvallon leurs penseurs de référence. Les titres de certains livres de ces derniers (*La France bloquée* et *État modeste, État moderne* pour Crozier, *La Crise*

Quand j'étais postier

de l'État-providence pour Rosanvallon) donnaient le ton. Il fallait tourner la page. Un vent libéral anglo-saxon s'était engouffré sous nos latitudes et faisait tourner les têtes. L'État était prié de disposer. D'autres figures, plus médiatiques, comme Alain Minc ou Jacques Attali, issues de la gauche modernisatrice, avaient aussi les faveurs de nos enseignants. La pensée dominante, à l'œuvre dans mon IEP de province et plus largement au sein des sphères dirigeantes – politiques, économiques et médiatiques – de l'époque, décrivait l'État et les services publics comme une pieuvre bureaucratique, centralisatrice, jacobine, inefficace, dispendieuse, aux effectifs pléthoriques arc-boutés sur leurs privilèges. Les plus radicaux des libéraux fustigeaient l'assistanat et la gabegie. L'expression « avantages acquis » était auréolée d'une connotation péjorative et remplaçait opportunément « progrès sociaux » ou « conquêtes sociales ». La sécurité de l'emploi des fonctionnaires devenait une anomalie dans une société où la mobilité était promue en valeur phare. Il convenait de privilégier le contrat, la souplesse, la flexibilité, le droit privé, l'équité plutôt que l'égalité, afin de lutter contre l'immobilisme, les blocages, l'inertie. Aller de l'avant, ne pas prendre de retard, bouger, moderniser, réformer constituaient le catéchisme assez simpliste d'un nouveau libéralisme nimbé de progressisme que Pierre-André Taguieff allait décortiquer de façon lumineuse dans son essai *Résister au bougisme* paru en 2002.

Dix ans auparavant, le « bougisme » néolibéral avançait sans trop d'oppositions, du moins dans les esprits. L'avenir s'annonçait radieux. Aux monopoles et aux carcans (comprendre l'État et les services publics) se substituaient sous l'impulsion de l'intégration européenne la libre concurrence, la dérégulation, la libéralisation, un monde meilleur et plus performant. La mondialisation allait être « heureuse » et la « fin de l'Histoire » promettait un « nouvel ordre mondial » prospère et pacifié (à l'exception de quelques guerres « humanitaires », comme celle contre l'Irak en 1991 au prix de quelques centaines de milliers de morts, nécessaires pour asseoir cette nouvelle ère de concorde régie par un capitalisme globalisé).

Nos professeurs n'aimaient pas les départements – trop nombreux, trop ancrés dans la « vieille » Histoire – et ne toléraient les communes (trop nombreuses elles aussi) que si elles se regroupaient et disparaissaient au sein de nouvelles structures censées gagner en efficacité et en rationalité. Nous apprenions ainsi les compétences d'acronymes – Sivu (Syndicat intercommunal à vocation

QUAND J'ÉTAIS POSTIER

unique), Sivom (Syndicat intercommunal à vocation multiple), Epci (Établissement public de coopération intercommunale)... – et d'institutions chargées de simplifier l'action publique tout en la complexifiant et en la rendant inintelligible pour le citoyen. Derrière ces délégations de service public et ces privatisations rampantes, on commençait à dépecer le corps de la France. L'œuvre, par la suite, ne fit que s'amplifier. Malgré leur aversion pour les fonctionnaires, le développement exponentiel de la fonction publique territoriale – surtout celle des nouvelles Régions qui avaient été instaurées en 1986 dans la foulée des lois sur la décentralisation – ne heurtait pas nos doctes enseignants. Il est vrai que certains d'entre eux y trouvaient, à des titres divers, des activités rémunérées. De là à les qualifier de « nantis » ou de « privilégiés »... Nos professeurs d'économie – pas tous, Bernard Maris nous rappelait l'œuvre de Keynes et préconisait la vigilance face à un marché qui envahirait tous les domaines de l'activité humaine – nous martelaient les vertus du « *doux commerce* » (Montesquieu), de la « *main invisible du marché* » (Adam Smith), du « *laisser faire, laisser passer* » (Jean-Baptiste Say) ou de la « *destruction créatrice* » (Joseph Schumpeter). Face à ces écrasantes références, on ne pouvait qu'acquiescer. Le terme de « bourrage de crânes » serait peut-être excessif. Il y avait toutefois un peu de cela. Un tel discours, en dépit de nuances et de modulations, n'a pas changé depuis. Même si ses thuriféraires et nos gouvernants redécouvrent les mérites de l'État, de l'intervention publique et, par là même, de la souveraineté nationale, lors des plus graves crises (crise financière de 2008, crise sanitaire de 2020), en tournant le dos dès lors de façon spectaculaire aux impératifs de rigueur budgétaire et à la doxa libérale pourtant présentés comme un dogme intangible et existentiel en temps normal.

Les représentations de la fonction publique et des fonctionnaires que l'on m'assénait étudiant ne correspondaient guère à ma connaissance parcellaire mais réelle du sujet. Je ne reconnaissais pas « mes postiers » dans la description de cohortes d'incapables, de tire-au-flanc et de profiteurs accablant une grande partie des agents de l'État. La bureaucratie, la lourdeur administrative et d'autres travers n'étaient pas des inventions de mauvais génies capitalistes. Pour autant, certains mots ne cernaient pas les véritables maux. Par exemple, « l'absentéisme » ou l'abus de congés maladie de la part de quelques fonctionnaires étaient-ils pires, y compris en termes de coût, pour la communauté nationale que le déclassement de ces individus fragiles promis en cas de perte d'emploi aux minima

Quand j'étais postier

sociaux et aux longs séjours en instituts médicalisés ? Pardon pour cette banalité, mais le travail socialise, maintient dans la collectivité des êtres que l'État s'efforcera sinon d'entretenir avec un revenu minimum épargnant la misère la plus noire. Mon empathie pour La Poste et ses employés ne m'empêchait pas de pressentir qu'ils étaient condamnés par le vent de l'Histoire. Au regard de ce monde qui venait, La Poste était indiscutablement archaïque. « Tout doit disparaître », annoncent depuis longtemps les affiches promotionnelles sur certaines vitrines de commerces promis à la liquidation. Le slogan fut aussi le titre d'un roman de Benoît Duteurtre paru en 1992 et celui d'un morceau d'Étienne de Crécy, grande figure de la scène musicale « french touch », sorti quatre ans plus tard. Rétrospectivement, je vois dans cette injonction à la disparition une sorte de prémonition des temps où nous sommes.

C'est à un moment décisif et charnière de l'institution, entre 1987 et 1993, que j'ai connu, à mon humble niveau, La Poste et les postiers puisque la réforme de 1990 scinda les PTT en deux entreprises publiques, La Poste et France Télécom, dotées de l'autonomie financière. J'ai donc connu La Poste et les postiers « d'avant ». D'avant la mise en concurrence, la quête frénétique de la rentabilité, le dévoiement des missions de service public,

Poste restante

les conditions de travail délétères et destructrices (notamment chez France Télécom). J'ai connu une Poste et des façons de travailler qui n'étaient sans doute pas très éloignées de celles des années 1950, voire du début du siècle. Les locaux de Toulouse RP étaient vétustes, un peu sales, usés par le temps. Certains mobiliers devaient dater de la IVe République. De nombreux postiers portaient une blouse grise (les postières des blouses bleues) qui les faisaient ressembler à des écoliers d'autrefois, fumaient en travaillant, n'étaient pas très sourcilleux quant à leurs mégots jetés au sol. On ne triait que les lettres, pas les déchets. Dans ces décors peu reluisants, il y avait la lumière crue des néons, le bruit métallique des conteneurs et des chariots, le ronronnement des camions dans la cour. Il y avait aussi au petit matin la fraîcheur de la nuit encore perceptible, l'odeur des premiers gobelets de café, le ballet des facteurs, les poignées de main et les interpellations lointaines, goguenardes ou amicales, entre les agents. La ruche s'animait. C'était une Poste à visage humain où prévalait la « *décence ordinaire* » chère à George Orwell. Qu'est-elle devenue ? Que sont-ils devenus ?

Le tournant libéral

« La Poste ne doit pas être privatisée », annonçait le titre d'une tribune de Paul Quilès, publiée dans *Le Monde* le 30 septembre 2008. Or, celui qui fut ministre des Postes, des Télécommunications et de l'Espace de 1988 à 1991 sous le gouvernement Rocard est considéré par certains, du fait de sa réforme de 1990, comme l'un des responsables de la privatisation rampante de La Poste. La privatisation de La Poste est un serpent de mer depuis une quarantaine d'années. Quelques-uns, très minoritaires, partisans d'un libéralisme économique intégral, la réclament. D'autres proclament avec plus ou moins de sincérité – de la gauche de gouvernement à la droite modérée ou sociale – qu'il n'est pas question de privatiser La Poste. D'autres encore – la gauche la plus traditionnelle, l'extrême gauche, des syndicats – brandissent sempiternellement le spectre d'une privatisation imminente tout en déplorant que le processus soit déjà à l'œuvre.

Mais peut-on parler de privatisation quand La Poste, qui est certes une société anonyme, a un capital 100 % public et quand elle doit assurer des missions de service public clairement identifiées ? Peut-on nier cependant que l'entreprise est entrée depuis des années dans une logique de rentabilité étrangère à la notion originelle de service public tandis que les activités de banque et d'assurance ont pris une part croissante ? Dans les faits, la situation de La Poste française est hybride et ambiguë en raison de l'incapacité de la plupart des gouvernements qui se sont succédé depuis 1983, particulièrement ceux dits « de gauche », d'assumer complètement le mouvement de déréglementation et de libéralisation de La Poste (et plus largement des anciennes entreprises publiques généralement privatisées) enclenché en 1991.

Le ministère des PTT (Postes, Télégraphes et Téléphones) devint en 1960 le ministère des Postes et Télécommunications tout en conservant le sigle PTT transformé en P et T en 1986. Le changement de dénomination n'était pas anodin puisqu'il préfigurait la scission effective des postes et des télécommunications, avec comme première étape la création en 1988 de France Télécom. Cette séparation, envisagée par certains politiques depuis 1974, est relayée et appuyée par des rapports d'experts (dont celui de Simon Nora et Alain Minc

LE TOURNANT LIBÉRAL

en 1977). Le projet de scission des PTT, de réformes de structures et de recours au privé fait son chemin sous les gouvernements socialistes puis s'accélère sous le gouvernement de cohabitation (1986-1988) avec la nomination au ministère du très libéral Gérard Longuet. Il faudra tout de même attendre le retour de la gauche au pouvoir pour que l'administration des PTT soit scindée en deux entreprises alors publiques : le 1er janvier 1991, La Poste et France Télécom naissent en tant que deux exploitants autonomes de droit public dotés de l'autonomie financière et d'une personnalité morale distincte de l'État dont le budget ne sera plus voté par l'Assemblée nationale. La loi de 1990 rompt avec plus de cent vingt ans de fonctionnement ministériel. Là où le libéral de droite Longuet échoua, le gouvernement Rocard et le ministre socialiste Paul Quilès, appuyés par la CFDT d'Edmond Maire et bénéficiant de l'abstention bienveillante de la droite à l'Assemblée, réussirent en dépit de mouvements de grève récurrents dès octobre 1988. Les buts affichés par le ministre Quilès étaient clairs : sortir les PTT de l'administration pour les inclure « *dans la perspective européenne* » de mise en concurrence des « *opérateurs publics* ». Il avait aussi annoncé que les nouveaux embauchés n'auraient plus le statut de fonctionnaire.

Poste restante

Cette politique s'inscrivait dans la lignée de l'Acte unique européen de 1986, dont la volonté de construire un « grand marché intérieur » va ainsi créer des réseaux transeuropéens concernant les télécommunications, les transports et l'énergie (TTE), ouverts à la concurrence dite « libre et non faussée ». L'argument « européen » fut d'abord brandi par la gauche de gouvernement, pour justifier sa politique de libéralisation de moins en moins masquée, d'abord sur un mode positif puis, des années plus tard, pour quelques-uns, sur le thème du « nous n'avions pas le choix » – la piètre justification de toutes les démissions, les anodines comme les pires. En 2004, France Télécom devint une société anonyme à capitaux privés.

Démantèlement des PTT et ouverture à la concurrence des télécommunications constituèrent un premier tournant dont la logique de fond – la course à la rentabilité et à la productivité – se traduisit concrètement par la hausse des tarifs (ceux du timbre comme ceux des colis avec la création du « Colissimo », plus coûteux), la fermeture de bureaux de poste, la transformation de l'usager en client, et de nouvelles méthodes de management pour les employés incités à « faire du chiffre ». La Poste de mes parents s'effaçait et ses représentants allaient céder la place. Il faudrait de nouveaux profils, plus malléables, plus soumis. Pour mes parents

LE TOURNANT LIBÉRAL

et ceux de leurs collègues que j'ai connus, le départ à la retraite n'était pas synonyme de regret ou de déchirement, mais un soulagement. Un adieu désolé à un métier qu'ils ne reconnaissaient plus et qu'ils ne pouvaient plus aimer.

L'autre grande date dans l'évolution de La Poste et son basculement dans la sphère marchande est 2010 avec le changement de statut la transformant en une société anonyme à capitaux publics avec en ligne de mire une augmentation du capital susceptible d'ouvrir la voie à une privatisation partielle. Après un projet de loi en 2000 qui n'avait pas abouti, la transformation en société anonyme est évoquée en août 2008 par le président du Groupe La Poste, Jean-Paul Bailly, lors d'un conseil d'administration. Si la réforme de 1990 avait permis à La Poste de s'adapter à une concurrence plus pressante, elle est maintenant jugée insuffisante par la direction du groupe pour affronter l'ouverture totale des activités postales à la concurrence et la fin programmée des monopoles d'État en 2011. Le statut d'entreprise publique paraît dès lors étriqué puisqu'il ne permet pas de céder des parts de son capital tandis qu'une société anonyme a la possibilité d'augmenter le sien *via* des investisseurs. Dans le cas de La Poste, assumant des missions de service public, une transformation en société anonyme implique légalement, selon le préambule de la

Constitution française, que l'État doit demeurer l'actionnaire majoritaire.

Ce fut donc la voie choisie en mars 2010 quand l'établissement public devint officiellement une société anonyme à capitaux publics capable de nouer des alliances et de réaliser des acquisitions grâce à une injection d'argent de l'État et de la Caisse des dépôts et consignations. Cette aide publique justifia également le changement de statut sans lequel Bruxelles aurait assimilé ce soutien financier à une aide d'État proscrite par les règlements européens. Du côté des syndicats et d'une partie de la gauche, on vit dans cette transformation un nouveau pas vers la privatisation et on émit des craintes sur la disparition à venir de bureaux de poste, sur la baisse de la qualité du service public postal et les suppressions de postes. Hélas, ces craintes se sont confirmées dans la réalité. Rappelons que d'après les partisans de l'ouverture à la concurrence des activités économiques en situation de monopole, une telle ouverture est censée susciter l'innovation, la performance des services et la baisse des coûts pour les clients. Concernant, par exemple, l'activité courrier, ces bienfaits tardent toujours à se manifester. Je le constate chaque jour ou presque en attendant des livres dont mon activité de critique littéraire rend la réception parfois urgente, tandis que la moindre

LE TOURNANT LIBÉRAL

commande sur un site marchand comme Amazon parvient, parfois même sans frais de port, en vingt-quatre ou quarante-huit heures.

Quant à l'hypothèse d'une privatisation induite à court ou moyen terme par le changement de statut, elle semblait légitime notamment en songeant au précédent de France Télécom, devenu société anonyme en 1996. Après des ouvertures de capitaux, une loi permit que l'État puisse être actionnaire minoritaire et l'entreprise fut privatisée en 2004. Le même processus de transformation en société anonyme et de désengagement de l'État sera mis en œuvre pour la privatisation de GDF.

Développement à l'international, diversification des services, création ou acquisition de filiales, réduction de personnels, suppression de bureaux remplacés par des « points de contact » en mairie ou chez des commerçants : la politique suivie par La Poste société anonyme était attendue, mais le changement de statut n'a toujours pas à ce jour entraîné de privatisation, même partielle, à l'instar d'EDF ou d'Air France. L'explication est sans aucun doute politique et symbolique. Comme la SNCF, dont le capital est intégralement détenu par l'État, La Poste incarne en quelque sorte aux yeux des Français le service public par excellence. Cette vieille administration d'État, dirigée par un ministère propre ou un secrétariat d'État depuis 1879, personnifiait la permanence et la solidité de la puissance publique. Le développement et l'identité des PTT ont également été liés au XXe siècle à l'émergence d'une classe de fonctionnaires pour lesquels cette administration fut synonyme d'ascension sociale, et « l'âge d'or » de La Poste s'identifie aux Trente Glorieuses – période que la génération de mes parents connut de son apogée à son déclin. Or, si les réformes ayant touché La Poste sont relativement récentes et ne datent que d'une trentaine d'années, elles ont été profondes et ont modifié l'essence même de l'institution, sans toutefois que les gouvernements successifs osent franchir le pallier symbolique de la privatisation. D'où la situation hybride, paradoxale et soumise à des injonctions contradictoires que connaît l'entreprise.

D'une part, La Poste est en charge de quatre missions de service public inscrites dans la loi : l'accessibilité bancaire, la contribution à l'aménagement du territoire avec le maintien d'un nombre minimum de bureaux de poste ou de points de contact, notamment dans les zones rurales, le service postal universel consistant à distribuer le courrier six jours sur sept (avec péréquation tarifaire géographique), le transport et la distribution de la presse. Un contrat pluriannuel entre l'État et La Poste réaffirme et fixe régulièrement ces missions.

LE TOURNANT LIBÉRAL

Mais La Poste est aussi pleinement engagée dans la sphère marchande, dans la lutte pour la compétitivité et la productivité, la conquête de parts de marché, le développement à l'international... Bien avant qu'Emmanuel Macron en fasse un principe de gouvernement, les pouvoirs publics ont appliqué avec La Poste le fameux « en même temps ». En schématisant, et au-delà de la question de son statut, on peut dire que La Poste est à la fois une entreprise publique et privée. Son capital s'est ouvert, mais à des capitaux publics. Elle demeure liée à l'État, mais n'embauche plus de fonctionnaires et la majorité de ses agents sont des salariés de droit privé. Dans la foulée de la loi PACTE de mai 2019, La Poste est devenue en juin 2021 une « entreprise à mission » dont la finalité est de concilier la performance économique et la contribution à l'intérêt général. Un intérêt général dépassant la notion traditionnelle de service public pour s'étendre à des concepts sociétaux ou environnementaux en vogue que résumait ainsi Muriel Barnéoud, directrice de l'Engagement Sociétal du groupe, en août 2021 : « *Nous contribuons au développement et à la cohésion des territoires. Nous favorisons l'inclusion sociale et le vivre ensemble, en accordant une attention particulière à la solidarité intergénérationnelle, aux jeunes, aux déficients, à l'inclusion bancaire. Nous œuvrons pour un numérique éthique, inclusif et frugal, prenant en compte l'inclusion, le respect du libre arbitre et du consentement éclairé. Et enfin, nous agissons en faveur de l'accélération de la transition écologique pour tous. Ces quatre axes sont nos grandes missions d'intérêt général.* »

Sans remonter au facteur de *Jour de fête* de Jacques Tati, j'imagine celui de mon enfance bien démuni devant un tel programme. On pourrait simplement sourire ou éclater de rire en lisant ce catalogue de poncifs – « *territoires* », « *inclusion* », « *éthique* », « *inclusif* », « *frugal* », « *consentement* », « *transition écologique* » – par ailleurs applicables à n'importe quel domaine, mais ces belles et bonnes intentions font cependant l'impasse sur la confusion des genres et les exigences contradictoires traversant l'entreprise. En résumé : comment faire des profits en défendant l'intérêt général ? Lequel de ces deux buts doit primer sur l'autre ? Comment les employés font-ils face à ce « dédoublement » ? Les facteurs doivent-ils privilégier leurs activités commerciales (tel le dispositif « Veiller sur nos parents ») ou le lien social gratuit qui était au cœur de leur métier ? Les agents de La Banque Postale doivent évidemment satisfaire les objectifs chiffrés qui leur sont fixés, mais aussi verser les prestations sociales et recevoir leurs clients allocataires de

LE TOURNANT LIBÉRAL

minima sociaux – deux activités, l'une financière et l'autre sociale, très différentes... Dans les principes, l'ouverture d'un compte par un client « précaire » est censée mobiliser autant de temps et d'intérêt que le placement de produits financiers pour un client « aisé », mais dans les faits ? Faut-il plutôt vendre ou accompagner ? Agir en banquier pur et dur ou défendre la mission de service public ? De quoi devenir schizophrène.

On devine les dilemmes, les tensions, les déchirements de certains agents devant ces orientations pas forcément conciliables, voire diamétralement opposées. Début 2008, consciente de l'ampleur des dégâts sur ses personnels, La Poste commanda à un cabinet dirigé par un psychiatre une étude sur les difficultés et le stress des employés. Les panels étudiés révélaient des situations de stress professionnel ou d'hyperstress exceptionnellement élevés. La raison principale ? La pression subie face aux changements provoqués par la restructuration permanente de l'entreprise, la perte de sens et des repères face à la réorganisation de ses métiers et aux nouvelles exigences commerciales. Dans la foulée, La Poste mit en place un Observatoire de la santé au travail, mais deux ans plus tard, en mai 2010, le Syndicat professionnel des médecins de prévention de La Poste adressa un courrier au président du groupe, Jean-Paul Bailly, ainsi qu'aux ministres directement concernés (Économie, Santé et Travail). Le constat était accablant : suicides ou tentatives de suicide « *dont on peut penser qu'ils sont exclusivement liés à des situations de vie professionnelle* », taux d'absentéisme pour maladie sans précédent, « *situations d'épuisement physique et psychologique* ». Les raisons de ce mal-être ? Sensiblement les mêmes que celles relevées deux ans plus tôt : la très forte pression commerciale sur certains agents, l'organisation du travail, le décalage entre les objectifs affichés par l'entreprise et la réalité du métier.

Apparemment, les conditions de travail des employés de la Poste étaient moins rudes que celles de leurs anciens collègues de France Télécom où, sensiblement à la même époque, entre 2008 et 2009, trente-cinq personnes mirent fin à leur jour, à l'instar d'un technicien marseillais dénonçant dans une lettre le « *management par la terreur* » régnant dans l'entreprise et imputant à celle-ci la seule raison de son suicide. De 2007 à 2010, la direction de France Télécom, privatisée deux ans plus tôt, mit en œuvre un plan visant 22 000 départs et 10 000 « *mobilités* », avec les conséquences que l'on sait. En décembre 2019, le tribunal correctionnel de Paris avait sanctionné un harcèlement moral institutionnel et collectif ayant eu pour cible plusieurs dizaines de milliers de personnes. En conséquence, les juges avaient condamné trois anciens dirigeants à un an de prison, dont huit mois avec sursis, et 15 000 euros d'amende pour leur « *rôle prééminent* » dans une politique de réduction des effectifs qualifiée de « *jusqu'au-boutiste* ». Le tribunal avait également estimé que les dirigeants avaient exercé une pression sur l'encadrement qui s'était répercutée sur les agents dans « *un plan concerté pour dégrader les conditions de travail des agents afin d'accélérer leurs départs* ».

Lors du procès en appel, en juillet 2022, l'ancien P-DG Didier Lombard fit part de l'émotion qui l'avait « *étreint* » en écoutant les parties civiles et déclara, sanglots dans la voix à l'appui, qu'il en resterait « *marqué à vie* ». Didier Lombard était moins compassionnel en septembre 2009 quand il avait évoqué une « *mode* » à propos de la vague de suicides dans son entreprise. Une mode... Comme le retour des Stan Smith, les tatouages ou les menus vegans. Peu après, le P-DG s'excusa, prétendant avoir utilisé le mot « *mode* » en songeant au mot anglais « *mood* », que l'on traduit par « *humeur* ». La nuance est subtile, et l'on ne voit guère là une expression moins obscène, mais nos élites en management et nos professionnels des « ressources humaines » n'ont sans doute plus toute leur tête à cause de ce sous-anglais technico-commercial dont ils aiment habiller les pires régressions pour leur donner une allure plus *cool*. Ainsi, le plan de mobilité des cadres fut baptisé « Time To Move » par France Télécom tandis que le plan de 22 000 suppressions d'emplois se nommait « Next », ce que l'on pourrait traduire dans les circonstances funèbres qui suivirent par « Au prochain » ou « À qui le tour ? ».

Du côté de La Poste, la situation n'a donc pas été aussi tragique, même si plusieurs suicides d'employés à bout ont été signalés. Pour autant, des réorganisations internes ont été interprétées en 2010 par les syndicats comme la volonté de pousser vers la sortie certains employés. Autoritarisme, objectifs commerciaux intenables, cadences infernales pour les facteurs, arrêts maladie pour cause de dépression : les causes et les symptômes de la métamorphose de La Poste ne surprennent pas. Plus inquiétant encore, le diagnostic perdure. On peut s'en rendre compte si on lit *Le Caché de La Poste*, ouvrage du sociologue Nicolas Jounin qui se penchait en 2021 sur les conditions de travail des facteurs à l'ère des « réorganisations », ou si on regarde un numéro de l'émission « Envoyé spécial », consacré en septembre 2019 à « La Poste sous tension ». Souffrance au travail, pressions insupportables, restructurations permanentes, climat

Le tournant libéral

anxiogène, suicides : une fois de plus, le constat est le même.

Par ailleurs, ce brouillage d'identité et de ligne directrice, ce mélange des genres (public / privé), provoquant le malaise de nombre d'employés, se retrouve jusque dans la notion même de service public – telle qu'elle a été reformatée par l'Europe – que La Poste est chargée de perpétuer à travers ses quatre missions. À la fin des années 1980 et au début des années 1990, dans le cadre de l'ouverture à la concurrence des secteurs des services comme les télécommunications, l'Union européenne a forgé le principe de « service universel », désignant un service de base et certaines prestations essentielles, accessibles à des prix abordables et liées à des « exigences d'intérêt général ». Cependant, en 1996, l'Union a reconnu aux États membres la liberté de définir les missions d'intérêt général du service public au-delà du service universel. Dans les faits, le service public – étranger au droit européen et construction purement française théorisée au début du XXe siècle par des juristes comme Léon Duguit ou Maurice Hauriou – et le service universel européen sont des concepts voisins, mais foncièrement distincts dans le sens où la conception européenne est indifférente aux conditions dans lesquelles les prestations d'intérêt général sont rendues aux habitants d'un pays. L'essentiel est que ces prestations soient assurées dans le respect des règles communautaires. Peu importe alors aux yeux de l'Europe la nature publique ou privée du prestataire ou le statut des employés. Au regard du service public ancré en France dans notre Histoire et instrument éminemment politique marquant la primauté de l'État, le service universel (et ses corollaires le « service d'intérêt général » et le « service d'intérêt économique général ») peut apparaître comme une formule minimale, au rabais, évolutive et flexible en fonction des époques, des attentes – réelles ou supposées – des usagers.

Concernant La Poste, c'est évidemment à la notion européenne de service universel qu'elle s'est convertie et pliée tout en faisant vœu de rester fidèle à sa tradition de service public « à la française ». En ce sens, elle reflète le double langage, l'hypocrisie, la schizophrénie (chacun choisira le terme adéquat) de la quasi-totalité des gouvernements depuis 1983 et le « tournant de la rigueur », c'est-à-dire le ralliement de la gauche à l'économie de marché qui allait s'accentuer par la suite *via* le processus d'intégration européenne d'obédience libérale et la mondialisation économique sous l'impulsion de l'UE, du FMI ou de l'OMC. À l'exception de brefs intermèdes peu concluants (les cohabitations de François Mitterrand avec des gouvernements de droite prônant un libéralisme

LE TOURNANT LIBÉRAL

décomplexé et des privatisations, périodes 1986-1988 et 1993-1995), la libéralisation et la financiarisation de notre économie, l'abandon ou la privatisation des services publics et des grandes entreprises nationales s'accomplirent *mezzo voce* ou dans un enrobage dialectique vantant le « progrès » et la « modernisation ». Le loup libéral sait toujours se colorer le museau de rouge socialiste afin de duper petits chaperons et mères-grand.

Comme le résuma entre candeur et cynisme le socialiste Pascal Lamy (ancien conseiller de Jacques Delors, ancien commissaire européen et ancien directeur de l'OMC) : « *Lorsqu'il s'agit de libéraliser, il n'y a plus de droite en France. La gauche devait le faire, parce que ce n'est pas la droite qui l'aurait fait.* » Le reste – par exemple Lionel Jospin, Premier ministre, disant « *Oui à l'économie de marché, non à la société de marché* » (comme si l'une allait sans l'autre…) ou François Hollande, candidat à l'Élysée, déclarant que son seul ennemi est « *le monde de la finance* » – ne relève que de la supercherie démagogique ou, au mieux, du somnambulisme.

La Poste s'est donc adaptée à une économie « ouverte », « libérée », mondiale non par fatalité ou absence d'alternative, ni pour répondre à une demande de la population, mais selon des choix politiques et stratégiques. S'orienter toujours plus avant vers une entreprise financiarisée ou investir dans les services à la personne résulte d'une volonté et d'un programme. Il en est de même pour le désengagement de l'État qui a cessé en mars 2020 d'être actionnaire majoritaire du groupe au profit de la Caisse des dépôts (la part de la Caisse des dépôts passant de 26 % à 66 % et celle de l'État de 73 % à 34 %), avec pour objectif affiché par le ministre de l'Économie, Bruno Le Maire, un développement des activités bancaires et d'assurance de La Poste, *via* une prise de contrôle de CNP Assurances (ce qui se produira en mai 2022). Voilà qui nous mène loin du service public et même du service universel, mais on n'arrête pas comme cela les ambitions de La Poste. D'ailleurs, le rapport Launay, déjà cité, sur « Les mutations du service universel postal », remis au gouvernement en mai 2021, envisage que les services à la personne soient intégrés « *dans le périmètre des missions de service public confiées à La Poste* ». Voici donc la perspective d'une cinquième mission de service public. À moins que la distribution du courrier ne soit totalement sacrifiée, tant il est vrai que cette activité est un fardeau que les dirigeants de La Poste aimeraient voir disparaître.

Le courrier :
chronique d'une mort annoncée

C'est la fin du courrier. Les gens n'écrivent plus. La numérisation est passée par là. Cette arlésienne brandie par La Poste afin de justifier son désengagement de sa vocation première mérite cependant d'être nuancée. D'abord, le phénomène est récent – une quinzaine d'années – et la baisse incontestable du courrier a été compensée par la hausse de distribution de colis (notamment de plis qui pouvaient, il y a quelques années, être envoyés au tarif lettre) avec l'explosion du commerce en ligne. Évidemment, de prime abord, les chiffres sont spectaculaires : La Poste a acheminé 15,9 milliards de plis en 2009 et seulement 7,5 milliards en 2020. Vue ainsi, la cause semble entendue. Il faut néanmoins rappeler que plus de 15 milliards de plis étaient distribués en 2012 et près de 13 milliards en 2015. Peut-être qu'avec une autre stratégie, la baisse tendancielle du courrier – la branche n'est déficitaire que depuis 2018 – ne serait pas si inexorable. En outre, rappelons encore que 2020, « année noire » pour le courrier, fut aussi celle du Covid et du premier confinement au cours duquel nombre de bureaux de poste furent fermés et le courrier ne fut pas distribué pendant plusieurs semaines… Nulle surprise donc que si La Poste cesse de fonctionner, elle enregistre une baisse du volume du courrier. Enfin, signalons qu'en dépit des discours officiels et de la baisse du trafic, le courrier ne représente pas une part négligeable dans le chiffre d'affaires de La Poste puisqu'il s'élevait à 7,3 milliards d'euros en 2020 contre 2,2 milliards pour Colissimo et 995 millions pour Chronopost. L'abandon du courrier est un choix, pas une fatalité ni une décision obéissant à la pure rationalité économique.

En réalité, la distribution du courrier n'intéresse plus La Poste. Son métier historique est jugé trop coûteux, mobilisant des ressources humaines et matérielles conséquentes pour un retour sur investissement faible au regard d'autres activités promettant d'être plus lucratives. Dans les faits, on a le sentiment que La Poste cherche avant tout à décourager les gens d'envoyer des lettres. Le service se dégrade constamment en termes de délais de distribution et coûte plus cher chaque année. Dans

Le courrier : chronique d'une mort...

ces conditions, comment conserver les usagers, à défaut d'en gagner ? La fin du courrier relève pour une part de la prophétie autoréalisatrice. Les Français écrivent moins de lettres, donc on augmente de façon exorbitante le prix des lettres, ce qui finira effectivement par tuer le courrier.

À ce titre, la politique tarifaire de La Poste ne manque pas d'audace. Le prix du timbre a plus que doublé en dix ans. Le timbre rouge (courrier prioritaire censé être distribué en vingt-quatre heures) coûtait 1,05 euro en 2019, 1,16 euro en 2020, 1,28 euro en 2021. Le 1er janvier 2022, il est passé à 1,43 euro, soit près de 12 % d'augmentation. La lettre verte (délai de quarante-huit heures) a augmenté sensiblement dans les mêmes proportions : 0,97 euro en 2020, 1,08 en 2021, 1,16 en 2022. Quant à l'« Ecopli », pour un envoi en quatre jours environ, il atteignait 1,14 euro à cette même date.

Depuis ses origines et son développement, l'acheminement du courrier obéissait à une règle simple que résumaient avant 1914 les PTT dans un article du *Bulletin mensuel des Postes et Télégraphes* qui regroupe les principes et règlements régissant le service : « *l'acheminement idéal réunit les trois conditions suivantes qui sont conduire l'objet à destination dans les plus brefs délais par le chemin le plus court en réduisant le nombre de manipulations* ». À ma modeste mesure, j'ai connu cette exigence en tant que manutentionnaire lambda. Chaque minute comptait, un retard même minime dans le circuit des tâches à accomplir et des horaires à respecter pouvant se transformer en un retard bien plus important à l'autre bout de la chaîne. La rapidité fut ainsi un critère primordial pour La Poste comme pour ses usagers. Avions, trains, voitures, boîtes aux lettres, bureaux de poste et centres de tri participaient d'un service rendu en dernière étape par le facteur. En 2009 encore, La Poste s'enorgueillissait d'un taux de 84,7 % pour la lettre prioritaire en J+1 et annonçait « *enregistrer le meilleur résultat de son histoire* ». Même si ces bulletins de victoire enjolivaient vraisemblablement la réalité, la vitesse postale demeurait essentielle aux yeux de l'administration, du moins dans la communication publique car certains discours suggéraient déjà la suppression de la lettre J+1. Paradoxalement, dans une époque qui ne cesse de promouvoir la vitesse et l'immédiateté, le haut débit et le très haut débit, le « tout tout de suite » et la livraison d'un plat chaud en vingt-quatre secondes chrono, La Poste redécouvre... la lenteur. Certes pas dans une approche faisant de la sobriété ou de la décroissance une manière d'éthique, malgré quelques alibis écologiques peu convaincants, mais plutôt en transformant une défaillance et l'incapacité de livrer un courrier en

LE COURRIER : CHRONIQUE D'UNE MORT...

vingt-quatre ou quarante-huit heures en un nouveau service. Voici le temps de la « *slow* Poste », du grand ralentissement. Depuis le 1er janvier 2023, le timbre rouge a ainsi disparu. Enfin, plus précisément, il a été remplacé par sa version numérique, plus complexe et plus chère. Ces deux caractéristiques provoqueront naturellement une baisse de son usage, ce qui justifiera *a posteriori* sa suppression. Toujours le principe de la prophétie autoréalisatrice. Place donc à l'« e-lettre rouge » (qui existait déjà puisque les premières offres de lettres numériques datent de 2011). Il convient désormais d'envoyer son courrier sur le site Internet de La Poste ou dans un bureau de poste. Le document est ensuite imprimé dans un bureau de poste proche de l'adresse du destinataire et envoyé sous forme de courrier papier de trois feuilles maximum en conservant le délai d'un jour ouvré. Ce basculement vers le numérique s'est accompagné d'une augmentation de six centimes (1,49 euro au lieu de 1,43). Quant à la lettre verte, si son tarif est resté inchangé, elle est distribuée en trois jours au lieu de deux. Avec La Poste, on a toujours le choix : payer au même tarif un service déprécié ou payer plus cher pour le même service. Dans cette logique, l'« Ecopli », la formule la moins chère, a été supprimé, mais une nouvelle offre – à partir de 2,95 euros – a vu le jour : la « Lettre turquoise services plus » (distribution à J+2) pour l'envoi de chèques urgents, de petites marchandises ou de courriers nécessitant une traçabilité avec des notifications de suivi.

Cette politique de « suivi » n'est pas un luxe face aux retards de distribution ou aux courriers égarés. Depuis 2018, La Poste propose aux particuliers d'apposer un sticker « suivi » sur leurs envois afin de s'informer de leur acheminement. Une autre façon de faire payer à l'usager les carences de l'entreprise. Le prix du sticker était de 0,45 euro en 2020, 0,48 en 2021 et 0,50 en 2022.

Les arguments avancés par La Poste pour expliquer la disparition de la lettre prioritaire distribuée en vingt-quatre heures furent l'adaptation « *aux attentes des usagers* » et les exigences écologiques, avec pour objectif la réduction de l'empreinte carbone. Ce dernier motif fut récusé notamment par les syndicats soulignant que la réforme accélérerait le tout-routier au détriment du train. En outre, la conversion au numérique est-elle vraiment plus économe en termes de consommation d'énergie ? L'empreinte carbone des terminaux, serveurs et ordinateurs ne cesse de croître et représente l'un des défis des années à venir. Quant aux « *attentes des usagers* », ont-elles réellement été prises en compte ? De quelle façon ? La complexité croissante des formules proposées et la hausse des tarifs

LE COURRIER : CHRONIQUE D'UNE MORT...

sont-elles des « progrès » ? Il est loin le temps où l'expression « comme une lettre à La Poste » était synonyme de simplicité et d'efficacité.
Évidemment, la e-lettre rouge s'est avérée un fiasco. Auditionné le 15 février 2023 devant la commission des affaires économiques du Sénat, le P-DG de La Poste, Philippe Wahl, reconnaissait que la version numérique du timbre rouge n'était utilisée que 3 500 par jour alors qu'entre 5 000 et 10 000 envois sont nécessaires pour pérenniser le système. À ce rythme, c'est environ un million de lettres numériques qui seront envoyées en 2023. Rappelons qu'en 2021, les Français avaient utilisé 380 millions de lettres prioritaires avec le timbre rouge, 275 millions en 2022 et l'on mesure l'exploit de La Poste qui a réussi en quelques clics à éliminer des centaines de millions de lettres... Pas de quoi néanmoins ébranler le P-DG qui, droit dans ses bottes, répondit aux sénateurs : « *J'assume, et si j'avais à reprendre la décision, je la reprendrais.* » D'une certaine manière, on comprend sa fière posture. Car plus qu'un accident industriel (qui songeait sérieusement que les Français allaient se ruer sur ce qui s'apparente à un e-mail payant facturé 1,49 euro ?), il s'agit plutôt d'une politique de sabordage volontaire. La Poste ne veut plus distribuer de lettres et elle est prête à tout pour

convaincre les Français d'abandonner définitivement cette pratique. « *L'avenir de l'emploi du facteur ne passera pas par la lettre* », déclara dans un accès de franchise Philippe Wahl devant les sénateurs. Les versions numériques ne sont que des leurres destinés à masquer, maladroitement, une démission.

Quid par ailleurs de la fameuse « fracture numérique » qui est, dit-on, au cœur des préoccupations des pouvoirs publics ? Le numérique exige évidemment un niveau d'équipement et de compétences qui n'est pas acquis par certaines populations (personnes âgées, habitants de zones peu ou mal couvertes...), dont le nombre est estimé à treize millions, de plus en plus exclues dans la société qui vient. Comme c'était déjà le cas depuis longtemps, des conseillers orientent et aident dans les bureaux de poste les publics les moins à l'aise avec les machines, mais plus globalement la numérisation des services publics consiste à transférer à l'usager ce que l'État prenait en charge auparavant. Le citoyen utilise son temps et son équipement informatique pour pallier le désengagement des services publics (un transfert de coûts qui n'est jamais chiffré). Ce service public *low cost*, en libre-service façon *fast-food*, est-il un modèle enviable ? Que devient le principe d'égalité d'accès au service public ?

LE COURRIER : CHRONIQUE D'UNE MORT...

Peu importe, La Poste ne se pose pas ce genre de questions. Elle cherche à faire des économies (400 millions d'euros annoncés avec l'abandon du timbre rouge) et des profits. Elle se *modernise* et dans ce registre elle fait preuve d'autant d'imagination que d'initiative. En janvier 2023, elle a mis en œuvre le timbre numérique, réforme complémentaire à celle de l'« e-lettre rouge » déjà évoquée. Annoncé en juin 2022 à grand renfort de communiqués enthousiastes, ce nouveau service (« *une vraie prouesse industrielle et technologique, qu'aucune autre poste dans le monde n'est parvenue à lancer* ») « *donne la possibilité à tous, quel que soit le lieu ou l'horaire* », de poster un courrier « *sans avoir de timbre sous la main, grâce à un code unique à huit chiffres acheté sur l'application La Poste, en trois clics* ». Au final, l'usager recopie le code sur l'enveloppe à l'endroit prévu pour le timbre. Une révolution, en effet, que le monde entier doit nous envier. Quel est le coût de cette « *prouesse industrielle et technologique* » ?

Sur le fond, puisque les Français n'écrivent plus ou peu, ont-ils un besoin irrépressible de poster un courrier « *quel que soit le lieu ou l'horaire* » ? Quant à ceux qui en éprouveraient le désir, il y a une alternative au code à huit chiffres acheté *via* son smartphone : le carnet de timbres... Précisons que cette offre numérique concerne le « timbre vert », soit un courrier distribué en trois jours. Rien de très urgent donc, et pas de quoi se lever la nuit pour télécharger son timbre numérique. En outre, quelle plus-value apporte le timbre numérique par rapport au service « Mon Timbre en Ligne », disponible depuis plus de dix ans, qui propose d'imprimer ses timbres « *en un clic* » ? Il faut un smartphone pour l'un, un ordinateur et une imprimante pour l'autre. Pas de gain de temps (pour le courrier comme pour l'usager), pas de gain d'argent pour l'usager (au contraire) : drôle de conception du « progrès ». À quoi servent ces innovations sans queue ni tête, connectées au numérique et terriblement déconnectées du réel, quand les Français réclament d'abord des bureaux de poste et un service de distribution aussi performant qu'il l'était il y a vingt ou trente ans, voire plus d'un demi-siècle ?

De quoi se plaignent principalement les usagers ? Du courrier distribué en retard ou tout simplement jamais distribué alors que les tarifs ne cessent d'augmenter. Comment expliquer une telle « performance » quand le trafic baisse d'année en année ? La réponse est tristement banale et ne concerne hélas pas que la seule Poste : un déficit de moyens matériels et humains, des agents non remplacés, une désorganisation des services conduite au nom d'une modernisation et de

Le courrier : chronique d'une mort...

réformes mal conçues qui déstructurent jusqu'au métier de facteur. Ainsi, les facteurs ne préparent plus leur sacoche. Auparavant, ils géraient le courrier depuis son arrivée au centre jusqu'à sa distribution. Une nouvelle division des tâches a ôté aux facteurs le soin de trier et de préparer leur tournée. D'autres agents, souvent des intérimaires peu ou mal formés, s'en chargent avec les erreurs inhérentes à cette nouvelle organisation. Chacun d'entre nous le vérifie dans sa boîte aux lettres. Même les lettres recommandées en pâtissent. Les facteurs n'ont plus le temps de les remettre en mains propres ou d'effectuer un second passage, à l'usager de les récupérer vingt-quatre ou quarante-huit heures plus tard. Déjà en 2016, la Cour des comptes alertait sur l'augmentation des instances des lettres recommandées et les plaintes d'usagers affirmant avoir été chez eux au moment où le facteur avait déposé dans leur boîte un avis de passage. Des tournées sont supprimées et d'autres s'allongent pour compenser. Les facteurs expérimentés ont du mal à suivre, on imagine la situation des intérimaires découvrant leur tournée du moment.

Entre 2008, alors que la lettre J+1 représentait 30 % des volumes du courrier, et 2020, le réseau global de distribution du courrier a connu une diminution des effectifs de 151 000 à 97 000

POSTE RESTANTE

(– 36 %), des tournées de distribution de 63 000 à 45 000 (– 28 %) et des centres de tri de 87 à 26 (– 70 %), tandis que le TGV postal était supprimé et le nombre de liaisons aériennes nocturnes réduit. Quelle activité peut maintenir un service efficient en ayant subi une telle purge ? On peut saluer toutefois la capacité d'anticipation de La Poste qui a commencé à démanteler son « outil de travail » avant même que le trafic postal soit en crise. C'est la tactique du pompier pyromane ou de Gribouille se jetant à l'eau pour ne pas se mouiller.

La carte postale fait de la résistance

Au temps des SMS, des réseaux sociaux, des mails, des messageries, des textes, des images ou des vidéos envoyés instantanément, la carte postale résiste : 300 millions ont été postées en France en 2019. Bien sûr, les ventes et son usage reculent, mais la survivance de cet objet, que beaucoup jugeront vieillot et démodé, est réelle. On imagine volontiers la perplexité des responsables de La Poste qui se passeraient bien de ce volume conséquent à trier et à distribuer quand l'entreprise ne songe qu'à la diversification et aux nouveaux services censés remplacer avantageusement le courrier. Malgré la hausse constante et forte du prix du timbre, les Français n'ont pas abandonné la carte postale qui demeure un rituel ignorant les codes de l'immédiateté et du partage sur les réseaux. La carte postale se moque de la rapidité, de l'urgence. Elle est un petit cadeau, une marque d'attention, un clin d'œil, un signe que l'on adresse à sa famille, à ses proches, à ses collègues, à ses amis. Avec un peu de chance ou d'originalité, elle deviendra un souvenir épinglé sur un mur, sur un frigidaire, dans une bibliothèque ou remisée dans un carton chargé de correspondances. Nos cartes postales « *savent la légèreté des beaux souvenirs* », comme le relevait l'écrivain Éric Holder.

La carte postale a évidemment partie liée aux vacances, aux voyages, aux vœux, à des moments où le temps échappe en principe aux contingences du travail, du rendement, de l'efficacité. Elle est un acte de sédition tranquille. Les quelques lignes ou la phrase que l'on a pris soin d'écrire (« *Un baiser de...* », « *Je pense à vous...* ») ne sont pas essentielles. « *Le message, c'est le médium* », pourrait-on dire, au risque de paraître pompeux, en paraphrasant la célèbre formule du philosophe des médias Marshall McLuhan.

Sa naissance en France est pourtant loin des joyeux échos des vacances. Elle apparaît en 1870, lors de la guerre franco-prussienne, afin de permettre aux soldats blessés de communiquer avec leurs proches. Le lancement de la carte postale n'intervient réellement qu'en janvier 1873. On écrit alors au verso, le recto est réservé à l'adresse. Un arrêté ministériel divise à partir de 1904 le recto de la carte postale en deux parties, l'une à

La carte postale fait de la résistance

gauche pour la correspondance, l'autre à droite pour l'adresse. La photographie peut occuper tout le verso et la carte postale va devenir au fil des ans cette pratique populaire au succès grandissant.

En dépit de son lien indissociable avec le tourisme et au-delà de son caractère souvent ludique, elle a gagné une valeur historique en immortalisant des lieux, des villes, des quartiers, des métiers, des usages, des paysages du passé en offrant aux historiens, aux amateurs d'histoire ou aux simples curieux des témoignages visuels irremplaçables. Musées, collections, études savantes ou livres illustrés ressuscitent ces cartes donnant une image vivante de leur temps, y compris le plus proche. Par exemple, le sociologue Renaud Epstein a signé une passionnante analyse de l'évolution de l'urbanisme, et en particulier des banlieues, avec son ouvrage *On est bien arrivés, un tour de France des grands ensembles*, paru en 2022, qui s'appuie sur des cartes postales des années 1960 et 1970. Toutes les cartes postales ne possèdent pas cette vocation historique ou patrimoniale, loin de là. Vues banalement touristiques usées jusqu'à la corde, images d'animaux, illustrations ou messages humoristiques (ou censés l'être), reproductions d'œuvres d'art, photos de célébrités, on en passe : tout s'imprime sur la carte, du plus trivial au plus sophistiqué. Le plus important est sa permanence.

Poste restante

Autre surprise : cette permanence n'est pas due seulement à un public âgé accroché à ses habitudes. Un sondage, réalisé par OpinionWay en juillet 2021, établissait que les jeunes (18-24 ans) en envoyaient le plus puisque 33 % d'entre eux expédiaient régulièrement des cartes postales contre 28 % des plus de 35 ans et 17 % des plus de 50 ans. Par ailleurs, 70 % des Français interrogés considéraient que l'envoi de cartes postales était une « *tradition à conserver* », et 86 % déclaraient que « *recevoir une carte postale fait toujours plaisir* ». En revanche, près d'un Français sur quatre faisait part d'une réticence à envoyer une carte postale de crainte qu'elle soit perdue et ne parvienne jamais à son destinataire... Où l'on retrouve La Poste et son incapacité croissante de livrer en temps et en heure le courrier. Elle devrait écouter plus souvent les désirs et les craintes de ses usagers.

D'un point de vue purement économique, la carte postale pourrait donc passer aux yeux de La Poste comme un marché à développer et l'une des façons d'enrayer la chute du trafic postal. Des modes plus saugrenues que celle-ci se sont imposées grâce à la mobilisation du marketing, de la communication et de la publicité, et la carte postale ne concerne pas qu'une minorité de lettrés, de nostalgiques ou d'« originaux ». Des partenariats institutionnels ou privés, avec des collectivités

LA CARTE POSTALE FAIT DE LA RÉSISTANCE

locales ou des sites touristiques, des fondations ou des associations, en France comme à l'étranger, pourraient être opportunément conclus afin de favoriser le renouveau de ce moyen de communication simple, ludique, populaire, accessible, ancré dans les pratiques. Non, La Poste, si imaginative dans d'autres domaines commerciaux, n'y a pas songé. Elle n'a sans doute pas envie de voir ses boîtes aux lettres et bureaux être engorgés par des cartes postales. Elle a préféré mettre en place en 2018 un service de cartes postales en ligne *via* l'application Youpix, qui propose de transformer les photos de son smartphone en cartes postales personnalisées. Faut-il se méprendre sur les motivations des amateurs de cartes postales, qui voient précisément en elles une alternative aux méthodes numériques, pour leur proposer ce succédané...

Pendant ce temps, des sociétés, petites ou grandes, spécialisées dans l'édition de cartes postales se réinventent avec de nouveaux formats, de nouveaux thèmes, des techniques d'impression plus fines. Pour ma part, je suis un fervent adepte des cartes éditées par Plonk & Replonk. Le collectif, fondé en 1995 dans le Jura suisse par Jacques Froidevaux, Hubert Froidevaux et Miguel-Angel Morales, s'est spécialisé avec talent dans le pastiche et le détournement de cartes de la Belle Époque en usant de photomontages, de slogans ou de légendes évoquant autant le dadaïsme, le situationnisme que les Monty Python. Mais il ne faut pas écarter les cartes postales plus classiques, celles en noir et blanc perpétuant par exemple un Paris mythifié par les photographies de Robert Doisneau, Willy Ronis, Édouard Boubat, Brassaï et d'autres. Je ne méprise pas les cartes purement touristiques aux couleurs vives ni la simplicité ou la naïveté d'autres motifs. La carte postale est le domaine de la liberté et de la diversité des intérêts, des curiosités, des humeurs. Même les cartes postales de mauvais goût, usant de photos de jeunes femmes plus ou moins dénudées et de slogans plus ou moins « décalés » (par exemple un « Bons baisers de Provence » accompagné d'une série de postérieurs), suscitent mon indulgence. En août 2018, les cartes dites sexistes furent l'objet d'une campagne médiatique, relayée sur les réseaux sociaux, à l'initiative d'un collectif féministe. Le but était d'interdire ces cartes au motif qu'elles « *concourent à la culture du viol qui impose une image dégradante des femmes et participent à légitimer et banaliser les violences faites aux femmes* ». Culture du viol et banalisation des violences faites aux femmes : l'accusation est un peu forte. Si l'on interdit ces cartes – qui revendiquent leur mauvais goût, leur beaufitude, leur ringardise et par là même se placent dans le registre

LA CARTE POSTALE FAIT DE LA RÉSISTANCE

du second degré –, que devra-t-on faire de nombreux clips de rap particulièrement peu féministes ou de la pornographie hard accessible en trois clics sur Internet ? Pourquoi viser ce marché résiduel de la carte ringarde et égrillarde quand l'industrie du luxe véhicule souvent, par des campagnes de publicité il est vrai très lucratives, une hypersexualisation – y compris d'adolescents et parfois d'enfants – réduisant la femme à un objet de consommation sexuelle (cf. notamment la mode voici quelques années du porno dit « chic » propagé par de grandes marques) ?

L'immense majorité des praticiens de la carte postale préfère d'autres thèmes que ces images graveleuses. La carte postale défie le temps et notre époque, elle se moque des oukases et des modes. Certains les collectionnent, il ne faut pas oublier de leur en envoyer. Ne la sacrifions pas aux facilités technologiques, mais cultivons-la comme l'une des façons de préserver l'écrit, de perpétuer l'usage du stylo, de s'adresser à un interlocuteur choisi et non à un nuage de followers inconnus. En 2014, l'écrivain Sébastien Lapaque publiait un bref et dense éloge, *Théorie de la carte postale*, qui percevait dans cet objet « *un acte de résistance* » et « *la revanche de la relation concrète* » – jusqu'au « *timbre collé avec de la salive, dépositaire du souffle de l'expéditeur. Comme un baiser* » – à l'heure des SMS et de la

Poste restante

dématérialisation. En observant des avions tracer leurs traits blancs dans le ciel, l'écrivain confiait ne pouvoir s'empêcher de penser qu'ils transportaient « *des cartes postales d'un continent à l'autre* ». Comme au temps de l'Aéropostale.

Vols de nuit

On a peine à imaginer aujourd'hui que, dans un passé encore récent, La Poste – ou plus prosaïquement encore l'acheminement de courrier – a pu être héroïque, épique, légendaire, loin de l'étroitesse comptable et pauvrement gestionnaire des temps présents. Telle fut pourtant voici moins d'un siècle l'épopée de l'Aéropostale, entrée dans l'Histoire notamment par ses figures devenues mythiques telles celles de Jean Mermoz ou d'Antoine de Saint-Exupéry. L'Aéropostale n'avait rien d'une initiative philanthropique, elle répondait à des désirs de conquête, d'innovation, de grandeur au lendemain d'une Première Guerre mondiale qui saigna le continent européen. L'Aéropostale rappela aussi, après ces années d'horreur, que la technique et le progrès n'étaient pas forcément au service d'armes de destruction massive. Elle fut entre la Grande Guerre et la crise de 1929 l'une des expressions de l'élan vital à l'œuvre, dans tous les domaines ou presque, dans la vieille Europe.

Avant l'Aéropostale, la première poste aérienne française naquit lors de la guerre franco-allemande de 1870-1871 et du siège de Paris. Depuis la capitale, des ballons militaires – chargés d'opérations de surveillance des lignes ennemies, de cartographie et de communication – transportent également des sacs de courrier remplis de lettres ordinaires à destination de la France et de l'étranger. Outre les aléas des vols, les ballons sont soumis aux tirs ennemis, mais l'administration postale utilise aussi des pigeons voyageurs, baptisés « pigeongrammes », afin de convoyer *via* des tubes attachés à leur queue des lettres particulières micro-photographiées. Au-delà de ces initiatives singulières, il faut attendre les années 1910 et le développement de l'aviation pour que le transport de correspondances prenne son essor dans le ciel. C'est en Inde, en 1911, qu'a lieu l'expérimentation du premier avion postal piloté par un Français, Henri Péquet, qui achemine 6 000 lettres et cartes postales sur une distance de dix kilomètres. Dans l'Hexagone, la première liaison postale aérienne, le 31 juillet 1912, est expérimentée entre Nancy et Lunéville ; elle transporte 10 000 lettres. Le premier vol officiel, quant à lui, relie Villacoublay à Saint-Julien-Beychevelle,

Vols de nuit

près de Pauillac, où des sacs postaux notamment à destination des Antilles et de l'Amérique du Sud sont transférés sur un paquebot-poste *Le Pérou*. Le ministre du Commerce, de l'Industrie, des Postes et Télégraphes assiste à l'événement. Pour la première fois, la mention « par avion » est apposée sur les courriers. À ces liaisons éphémères succédera la première liaison postale régulière le 17 août 1918 sur l'itinéraire Paris – Le Mans – Saint-Nazaire.

À la même époque, un entrepreneur, Pierre-Georges Latécoère, à la tête d'une usine de matériel aéronautique située près de Toulouse, a l'idée de lignes aériennes transatlantiques, reliant la France à l'Amérique du Sud, consacrées au transport de courrier. Présenté en septembre 1918 au ministère de l'Aéronautique, le projet est accueilli avec scepticisme et l'industriel se lance seul dans l'aventure en fondant en 1919 la Société des lignes aériennes Latécoère, qui devient rapidement la Compagnie générale d'entreprise aéronautique (CGEA). Avant le rêve d'atteindre l'Amérique du Sud, un avion – à bord duquel Latécoère lui-même embarque – relie Toulouse à Barcelone le jour de Noël 1918, puis une première ligne, qui relie Toulouse-Casablanca, est ouverte en septembre 1919 et sera prolongée jusqu'à Dakar en 1925. Aux commandes des avions de combat reconfigurés pour constituer la flotte aéropostale, on retrouve sans surprise d'anciens pilotes de l'armée s'étant illustrés durant la Première Guerre dont Didier Daurat qui va devenir directeur d'exploitation. Ce dernier veut recruter des pilotes sages et disciplinés, déterminés à transporter du courrier et non à briller dans les airs, qui devront d'abord faire leur apprentissage en assurant la maintenance des avions au sol.

La nature périlleuse des missions et le tempérament des pilotes en décideront autrement. Chaque vol est un défi. La navigation se fait sans radio. Aux risques de pannes et de perturbations météorologiques s'ajoute la possibilité d'être capturé en cas d'atterrissage forcé dans des zones tribales. L'un de ces pilotes se nomme Jean Mermoz. Né en 1901, aviateur dans l'armée où il effectue des missions périlleuses au Moyen-Orient, démobilisé en 1924, il se fait embaucher dans l'entreprise Latécoère en septembre 1924 et y travaille comme mécanicien. Fougueux et indiscipliné, il se voit toutefois confier comme pilote la ligne Toulouse-Barcelone, puis la liaison Barcelone-Málaga avant d'être affecté à la prise en charge du courrier sur le périlleux Casablanca-Dakar en 1926. Atterrissages forcés dans le désert, capture par les Maures, opérations de sauvetage d'autres pilotes : les « aléas » du métier n'empêchent pas Mermoz d'accomplir des exploits comme le vol sans escale Toulouse-Saint-Louis du Sénégal en octobre 1927 avec Élisée Négrin.

Vols de nuit

Racheté à Latécoère par Marcel Bouilloux-Lafont, la CGEA devient la Compagnie générale aéropostale. Le nouveau dirigeant envoie Mermoz à Rio de Janeiro afin de mettre en place de nouvelles lignes sur le continent dont Santiago-Buenos Aires. L'accident du 9 mars 1929 entre dans la légende. Mermoz et son mécanicien Alexandre Collenot atterrissent en urgence à cause de vents tumultueux sur un plateau enneigé à 4 000 mètres d'altitude de la cordillère des Andes. Les tentatives de s'échapper à travers la montagne ne mènent à rien, les deux hommes sont prisonniers. Ils réparent ce qui peut l'être de l'appareil endommagé et tentent un pari fou que Saint-Exupéry immortalisera dans *Terre des hommes* en 1939 : « *Alors, ils jouèrent leur dernière chance, lancèrent l'avion vers le vide, rebondirent durement sur le sol inégal, jusqu'au précipice, où ils coulèrent. L'avion, dans la chute, prit enfin assez de vitesse pour obéir de nouveau aux commandes. Mermoz le redressa face à une crête, toucha la crête, et, l'eau fusant de toutes les tubulures crevées dans la nuit par le gel, déjà en panne après sept minutes de vol, découvrit la plaine chilienne, sous lui, comme une Terre promise.* » Trois jours après leur disparition, Mermoz et Collenot se posent à leur point de départ, à l'aérodrome de Chamonate à Copiapo. Ce miracle donne naissance à « l'Archange » Mermoz qui, après ses dernières traversées de la Cordillère en

Poste restante

juillet 1929, en compagnie de son ami Henri Guillaumet, connu à l'armée et qui prendra sa relève sur la ligne des Andes, va partir à la conquête de l'Atlantique Sud.

En 1930, il faut compter quatre à cinq jours pour que le courrier soit transporté par bateaux entre Afrique et Amérique du Sud. Les 12 et 13 mai 1930, l'aviateur de l'Aéropostale met 21 heures pour relier Saint-Louis à Natal au Brésil. Le vol en hydravion (la réglementation française interdit le survol commercial de l'Atlantique par avion) doit s'effectuer par pleine lune car, comme l'a écrit Joseph Kessel dans *Mermoz* : « *En ce vol qui devait durer un jour et une nuit, il fallait que la nuit soit aussi claire que le jour.* » Un cyclone s'invite, inonde l'appareil, mais en volant à cinquante mètres au-dessus de la mer, le pilote arrive sans dommages à destination. Le retour est encore plus tumultueux. Après plus de cinquante tentatives de décollage entre le 8 juin et le 9 juillet, Mermoz décolle enfin, mais une fuite d'huile le contraint à amerrir dans l'Océan à 900 kilomètres des côtes africaines. Un aviso essaie de remorquer l'hydravion qui finit par sombrer, mais l'équipage et le courrier sont saufs. Fin 1930, l'Aéropostale assure la quasi-totalité des recettes postales françaises et transporte plus de 30 millions de lettres pour le compte de dizaines de pays européens, africains et sud-américains. Dotée d'un réseau de plus de 17 000 kilomètres de lignes, de près de 250 avions, 80 pilotes, 1 500 employés, et de multiples filiales en Amérique du Sud, elle a réalisé plus de 300 liaisons de bout en bout entre la France et le continent sud-américain. D'autres liaisons sont mises en place vers Belgrade, Bucarest, Moscou, Téhéran et jusqu'en Extrême-Orient par le sud *via* le Liban. En janvier 1931 est inauguré le premier service postal régulier France-Indochine aller-retour.

Malgré ces performances et les exploits de ses pilotes, l'Aéropostale est victime de la crise de 1929 et de la volonté politique de restructurer le transport aérien commercial tandis que ses concurrents étrangers, comme la Lufthansa ou la Pan Am, sont puissamment soutenus par leurs États. Plombée par ses difficultés financières, l'Aéropostale est mise en liquidation judiciaire en 1931 et rejoint en 1933 d'autres entreprises (Air Orient, Air Union, la Société générale de transport aérien...) réunies au sein de la Société centrale pour l'exploitation de lignes aériennes, la Scela, qui prend rapidement le nom d'Air France. En dépit des divergences de vues stratégiques avec la direction d'Air France et le ministre de l'Air, Pierre Cot, Mermoz continue de relier les continents, collectionne les succès et les records jusqu'à sa disparition en vol, le 7 décembre 1936, lors de sa 24ᵉ traversée de l'Atlantique Sud sur la ligne postale qu'il avait été le premier à tracer. Apprenant la nouvelle, Henri Guillaumet, chef de la base de Dakar d'où a décollé Mermoz, survole l'Océan durant deux jours à la recherche de son ami...

Guillaumet fut une autre des grandes figures de l'Aéropostale et comme Mermoz il va survivre en 1930 à un accident lors de l'un de ses quelque 350 vols au-dessus de la cordillère des Andes. Embauché chez Latécoère dès 1926, il a fait ses preuves sur d'autres lignes avant de débuter en juillet 1929 sur le réseau de l'Amérique du Sud et d'inaugurer la ligne régulière Argentine-Chili au-dessus de la cordillère des Andes. Entre le 11 et le 15 mai 1930, il participe à la première traversée aérienne postale de l'Atlantique Sud en effectuant le dernier tronçon Mendoza-Santiago du Chili. Le courrier, parti de Toulouse, mit 108 heures – escales comprises – pour rejoindre Santiago. Un mois plus tard, le 13 juin, après avoir décollé de Santiago, il est pris dans des vents rabattants et une tempête de neige. À court d'essence, il atterrit en catastrophe près d'un lac dans les Andes. Pendant cinq jours et quatre nuits, avec ses maigres rations de survie, il va affronter la tempête et marcher en quête de secours avant d'être recueilli par un jeune berger.

Vols de nuit

À Saint-Exupéry venu le récupérer, il confiera la phrase devenue légendaire : « *Ce que j'ai fait, je te le jure, jamais aucune bête ne l'aurait fait.* » Surnommé « l'Ange de la Cordillère », il effectua 393 traversées des Andes, continua de piloter pour Air France et fut abattu en vol par un chasseur italien, le 27 novembre 1940, au large des côtes de l'Afrique du Nord.

Comme Mermoz et Guillaumet, Antoine de Saint-Exupéry disparut aux commandes de son avion, le 31 juillet 1944, lors d'une mission de reconnaissance près des côtes marseillaises, vraisemblablement abattu par un chasseur allemand. Pilote civil et militaire, le futur auteur du *Petit Prince* est engagé en 1926 chez Latécoère par Didier Daurat. Chargé de convoyer du courrier depuis Toulouse vers Alicante et Dakar, il est nommé ensuite chef d'escale au cap Juby au Maroc, puis à partir de 1929 il participe comme pilote au développement des lignes sud-américaines. Surtout, c'est en tant qu'écrivain qu'il va célébrer l'aventure des bâtisseurs et des pilotes de l'Aéropostale. *Courrier Sud* en 1929, *Vol de nuit* en 1931 (prix Femina) et *Terre des hommes* en 1939 deviendront des classiques dans lesquels – outre la propre expérience de pilote de l'auteur – on retrouvera Didier Daurat, Jean Mermoz et Henri Guillaumet sous leurs noms ou à travers des doubles romanesques. Le cinéma s'empara de cette aventure humaine à travers des adaptations de romans de Saint-Exupéry, *Vol de nuit* réalisé par l'Américain Clarence Brown en 1933 et *Courrier Sud* du Français Pierre Billon en 1937, ou avec *Au grand balcon* d'Henri Decoin en 1949 d'après un scénario de Joseph Kessel. On peut toutefois regretter que nos producteurs et cinéastes se soient montrés si timorés depuis les années 1930 devant cet épisode glorieux de notre histoire. Si l'Aéropostale était née aux États-Unis, l'usine à rêves de Hollywood n'aurait pas boudé l'extraordinaire gisement d'histoires représenté par les facteurs volants.

Le service postal aérien n'a pas concerné que les destinations lointaines par-delà les océans. En 1935, la compagnie Air Bleu, créée à l'initiative de Didier Daurat qui en devient directeur d'exploitation, instaure des lignes intérieures dans l'Hexagone. Un premier essai de vol de nuit a lieu en mai 1939, mais la guerre survient. Les PTT relancent le service postal nocturne en 1945 avec La Postale de nuit et l'incontournable Daurat qui établit la ligne Paris-Bordeaux-Toulouse-Pau. Au fil des décennies et des progrès techniques, le trafic aérien postal donne lieu à d'autres prouesses que celles des pionniers de l'Aéropostale. En 1991, la Société d'exploitation aéropostale (SEA), filiale de La Poste et d'Air France, met en circulation des Boeing 737

Vols de nuit

« Quick Change ». Les appareils sont utilisés de jour pour transporter des voyageurs et de nuit le courrier. En moins de vingt minutes, les sièges passagers laissent place à des conteneurs de courrier, permettant de rentabiliser de façon maximale la flotte aérienne. SEA devient Europe Airpost en 2000 et Air France cède ses parts à La Poste qui devient l'unique actionnaire. Pourtant, fin 2007, elle se désengage à son tour et Europe Airpost passe sous le contrôle du groupe irlandais ASL Aviation. Ce fut donc la fin de l'aéropostale française. En se séparant d'une filiale bénéficiaire (15 millions d'euros de résultat d'exploitation en 2006 pour un chiffre d'affaires de 240 millions), tout en devant sous-traiter le transport aérien, La Poste réalisait un choix industriel et stratégique discutable. Ces dernières années, le secteur du fret aérien est d'ailleurs en pleine croissance et La Poste a renouvelé jusqu'en 2023 son contrat de partenariat avec ASL Airlines France, nouvelle dénomination depuis 2015 d'Europost…

« *J'ai refait tous mes calculs. Ils confirment l'opinion des spécialistes : notre idée est irréalisable. Il ne nous reste plus qu'une chose à faire : la réaliser* », disait Pierre-Georges Latécoère au moment de la création de l'Aéropostale. Les rationnels, les managers, les comptables et autres « cost killers » d'aujourd'hui ne comprendraient sans doute pas

Poste restante

une telle phrase. L'Aéropostale a été le fruit de la rencontre et de l'alliance entre des visionnaires, des capitaines d'industrie et des aventuriers. Moins romantique que Latécoère dans sa volonté de désavouer les pronostics des esprits raisonnables, mais tout aussi radical dans ses objectifs, Didier Daurat cultivait ce qu'il nommait « *l'esprit du courrier* », un courrier qu'il jugeait sacré et donc pouvant exiger tous les sacrifices pour être livré à temps. À l'inverse des dizaines de pilotes et mécaniciens disparus lors de leurs missions, Daurat décéda en 1969. Il fut inhumé, à sa demande, sur l'aérodrome de Toulouse-Montaudran, ancienne base de l'Aéropostale.

La bataille du rail

Bien avant les airs, La Poste a pris le train. C'est autour de 1840 que se développent en Europe les voitures postales sur les lignes de chemin de fer. Certaines de ces voitures, appelées « allèges », acheminent lettres et paquets tandis que d'autres permettent également le tri pendant les trajets d'une gare à une autre tout en récupérant, à chaque station, du courrier à trier et en déposant le courrier déjà trié. L'augmentation des volumes de courrier s'accompagne alors de l'accélération prodigieuse de leur transmission. Ces voitures postales fonctionnent comme des sortes de petits bureaux ambulants. D'ailleurs, en France, les employés dévoués à la tâche seront nommés « les ambulants ». Le premier véritable wagon postal, permettant le tri, circule en 1845 de Paris à Rouen. En 1854, le service compte un effectif de 59 voitures. Ces wagons-poste, intégrés à des trains de voyageurs, fonctionnent de jour comme de nuit. Ils comportent même des boîtes aux lettres dans lesquelles des usagers peuvent déposer leur courrier lors d'un arrêt du train. Les wagons s'allongent, se modernisent. Le parc s'agrandit. Pour accompagner cette expansion, des centres de tri sont installés au sein même ou à proximité des gares. À la veille de la Seconde Guerre mondiale, La Poste française dispose de 825 voitures dont 300 bureaux ambulants, effectif qui baissera après le conflit en raison de la destruction de wagons et d'une partie du réseau ferroviaire.

À partir des années 1950, l'automobile et l'avion deviennent de sérieux concurrents pour les trains postaux. En 1975, La Poste lance des trains postaux autonomes, séparés du trafic voyageur et capables de faire des arrêts en gare plus longs. À cette même époque naît le projet du TGV postal. Le choc pétrolier de 1973 ayant mis à mal le transport postal sur les routes, le chemin de fer que La Poste avait délaissé reprend le dessus. En outre, une ligne ferroviaire – le Paris-Lyon-Méditerranée (PLM) –, essentielle pour le réseau postal (elle représente près du tiers du courrier et dessert 40 % de la population), est alors menacée par la perspective de l'arrivée du TGV sur cette ligne, ce qui signifie la fin des trains classiques et donc des trains postaux. Depuis les années 1960, la SNCF veut

LA BATAILLE DU RAIL

réduire la part de ces trains postaux, mais le report du courrier vers des trains de messagerie, trop lents pour viser la distribution à J+1, n'est pas une solution pour La Poste. De plus, le prix du pétrole continue de flamber et le transport aérien n'est pas compétitif au regard du TGV. Les défis techniques, matériels et organisationnels pour adapter le train ultramoderne au transport postal sont énormes. En septembre 1981, le gouvernement choisit cependant l'option du TGV postal. La gauche, qui vient d'arriver au pouvoir, n'a pas encore tourné le dos aux services publics ni cédé aux sirènes libérales. De plus, associer deux services aussi emblématiques que la SNCF et La Poste est aussi un geste politique. L'industrie nationale est également mobilisée *via* Alstom, chargé de la conception des rames. En ce temps, l'État-stratège n'est pas un slogan. Il est surtout très efficace. Le 1er octobre 1984, moins de deux ans après les études finales, le TGV postal est sur les rails... La performance est spectaculaire. Ce pur produit de la technologie, de l'innovation et du volontarisme politique est sûr, rapide, plus économe. Durant sa première année de mise en service, il effectue 485 allers-retours, parcourt près de 210 000 kilomètres et transporte 48 000 tonnes de courrier à plus de 260 km/h. On enregistre une amélioration significative du service et de sa régularité.

Poste restante

Naturellement, ce succès donne des idées. Pourquoi ne pas déployer un autre TGV postal sur la future ligne Atlantique ? Le projet sera abandonné, mais dès 1988 on songe à développer le TGV postal sur le réseau nord avec de potentielles extensions européennes vers Londres, Bruxelles, voire Cologne ou Amsterdam, avec en perspective l'espace Schengen, qui sera opérationnel en 1995, et destiné notamment à favoriser la libre circulation des marchandises entre les pays membres. Ce nouveau programme a des atouts : il n'existe pas encore de liaisons postales ferroviaires internationales en Europe et la naissance d'un nouveau mode de transport sans concurrent serait un moyen de mettre en place un système uniforme à l'échelle du continent. Toutefois, lui non plus ne verra pas le jour, et ces échecs semblent déjà anticiper la fin du TGV postal.

Pendant ce temps, l'automatisation des centres de tri progresse pour augmenter leur rendement. Le service ambulant, qui comptait près de 580 wagons-poste et allèges dans les années 1980, et qui était le mode de transport postal dominant à cette époque, perd du terrain dans les années 1990. Le tri manuel de nuit disparaît des wagons, remplacé par les machines automatiques. Des services ambulants sont supprimés tandis que La Poste va transférer les services du rail vers la route ou vers l'aérien. Paradoxalement, le TGV postal souffre de sa première qualité : il est rapide, trop rapide, à un moment où le critère de la vitesse postale commence à devenir secondaire. Quant à sa dimension écologique, elle n'est pas encore à la mode. Le TGV postal, exemple unique de transport de fret à grande vitesse, est finalement abandonné en juin 2015. Le « train jaune » peut rejoindre les musées à peine une vingtaine d'années après sa mise en circulation.

Là encore, certains avanceront la baisse du courrier et l'arrivée des nouvelles technologies pour justifier l'abandon du TGV postal et plus globalement du transport postal ferroviaire, mais dès 1995 les trains postaux avaient été massivement supprimés en France. Le courrier n'était acheminé qu'à 4 % par le rail, la route se chargeant de 75 % de l'acheminement. Le dernier train postal autonome, hors TGV, le Paris-Besançon, s'arrêta définitivement en décembre 2000. C'est une reconfiguration du marché et l'émergence d'un segment promis à une croissance exponentielle – le colis – qui expliquent ce changement de politique dans l'Hexagone comme dans les autres pays d'Europe. Sociétés privées et anciens services publics devenus sociétés anonymes comme La Poste – afin de se conformer aux règles européennes de la concurrence et à la libéralisation totale du marché des services postaux – vont se disputer un juteux marché et façonner un nouveau modèle de distribution avec l'arrivée sur les tarmacs de gros intégrateurs basés sur le binôme avion/camionnette, avec la livraison à domicile et les installations de tri géantes ultrasophistiquées.

Place donc aux camions et aux avions. L'abandon du dernier train postal en 2000 suscita la colère des syndicats et de formations de gauche telles que le PCF ou les écologistes, mais ceux-ci participant au gouvernement dit de « gauche plurielle » dirigé par Lionel Jospin – gouvernement qui, au passage, procédera à plus de privatisations en valeur absolue de 1997 à 2002 que les gouvernements de droite d'Édouard Balladur (1993-1995) et d'Alain Juppé (1995-1997) réunis –, la cause était entendue en dépit des protestations d'usage. Les exigences des clients et la sacro-sainte « flexibilité » furent invoquées pour appuyer la conversion vers le transport routier et aérien considéré toutefois comme plus coûteux. Du côté de La Poste, on fit observer – non sans raison – que cette décision de supprimer en décembre 2000 le dernier train postal n'était que la suite logique d'une longue et cohérente évolution marquée dès 1991 par le transfert progressif du rail vers la route.

LA BATAILLE DU RAIL

Le secrétaire d'État à l'Industrie, le socialiste Christian Pierret, soulignait que le dernier bureau ambulant ferroviaire avait pour sa part cessé son activité en novembre 1995 et que la dernière ligne Paris-Besançon n'assurait plus qu'une fonction de transport, essentiellement pour la presse urgente et les colis. Bref, cette mobilisation pour la défense du dernier train postal et contre les nuisances du tout-routier était symbolique et surtout trop tardive. Elle ne relevait que de la posture ou, au mieux, de la naïveté puisque tout le monde, ou presque, avait avalisé des années durant la « marche de l'histoire ». Pour ne pas paraître trop cynique et pour réconforter les franges de la gauche plurielle apparemment émues par la disparition du train postal, le secrétaire d'État promit la consolidation du TGV postal considéré comme « *le mode de transport le plus approprié au triple plan de la rapidité, des coûts et de la fiabilité* » et son développement sur d'autres axes avec – cerise sur le gâteau – une modification des moteurs pour « *atteindre la vitesse de 300 km/h* ». On sait ce qu'il advint de ces belles promesses.

Que reste-t-il des trains postaux et des ambulants que l'on nommait les « seigneurs de La Poste » ? Quelques musées et beaucoup de souvenirs. On peut retrouver ces derniers notamment à travers de vieux forums sur Internet où les

POSTE RESTANTE

mémoires de cette arrière-garde s'entrechoquent entre amertume, nostalgie, fierté et camaraderie. Il y a toujours quelque émotion à se pencher sur des métiers disparus dont les survivants témoignent de façons de vivre et de travailler empreintes de dévouement, de dignité et même d'amour. Surtout quand ces métiers, avec ce qu'ils comportent d'attitudes, de règles et de noblesse, appartiennent à un passé qui est presque encore notre présent, ici une petite trentaine d'années. Comment peut-on refouler, effacer, jeter aux rebuts toutes ces existences, ces gestes, ces paroles ? C'est l'un des prodiges qu'accomplit avec une efficacité glaçante notre société techno-marchande fondée sur l'oubli et l'obsolescence. Des mots reviennent souvent dans les échanges entre anciens ambulants sur Internet : solidarité, amitié, confiance, entraide, esprit de famille… Pas vraiment des valeurs à la hausse à l'heure de l'adaptation aux pures contingences comptables et d'une prétendue modernisation réfutant ce qu'il y avait de meilleur dans le passé pour embrasser tous les mirages d'une marche en avant aussi incertaine que déconcertante.

Bouger avec La Poste

La Poste bouge, cela n'aura échappé à personne, et son slogan de 1986, « Bougez avec La Poste », est plus que jamais d'actualité. Elle bouge tellement qu'on a du mal à la suivre. La « bougeotte », qui anime la vénérable institution, se nomme « diversification ». Pour pallier la baisse du volume de courrier, La Poste investit les domaines les plus variés, parfois inattendus. Le facteur « augmenté » (cf. le rapport Launay déjà mentionné) ne sait plus où donner de la tête. Il veille sur nos parents, fait passer le code de la route, surveille l'état de nos chaussées, livre des repas à domicile... Cependant, La Poste – société anonyme à capitaux 100 % publics (le groupe est détenu par la Caisse des dépôts à hauteur de 66 % et l'État à 34 %) – doit d'abord assurer quatre missions de service public : l'accessibilité bancaire, la contribution à l'aménagement du territoire avec le maintien d'un nombre minimum de bureaux de poste ou de points de contact, le service postal universel consistant à distribuer le courrier six jours sur sept, le transport et la distribution de la presse.

Concernant l'accessibilité bancaire, La Banque Postale, créée en 2006, a succédé aux Centres de chèques postaux (CCP) qui géraient les comptes chèques émis par La Poste depuis 1918. Parmi sa clientèle, environ 12 millions de personnes, se trouve près de la moitié des personnes bénéficiant d'allocations sociales, mais elle propose l'ensemble des services d'une banque classique : gestion de comptes bancaires et de cartes de crédit, épargne et placements, prêts immobiliers, crédits à la consommation, assurance et prévoyance. Du financement des personnes morales à celui des collectivités locales en passant par le lancement d'une banque en ligne, les services de La Banque Postale se sont développés spectaculairement, à travers d'innombrables filiales, qu'il s'agisse de la banque de détail (Ma French Bank, Louvre Banque Privée, La Banque Postale Consumer Finance, La Banque Postale Leasing & Factoring, La Banque Postale Immobilier Conseil, Sofiap, Domiserve, Ezyness, EasyBourse, La Banque Postale Collectivités Locales), de l'assurance (CNP Assurances France, La Banque Postale Assurances, La Banque Postale Prévoyance, La Banque Postale Assurances Santé,

BOUGER AVEC LA POSTE

La Banque Postale Conseil en Assurances), de la gestion d'actifs (La Banque Postale Asset Management, Tocqueville Finance SA) ou du financement participatif (KissKissBankBank & Co). Cette nomenclature en forme de millefeuille, que même des spécialistes auraient du mal à déchiffrer, donne un sentiment de vertige devant la multiplication des activités de La Banque Postale qui l'éloignent de son ancienne vocation sociale et d'épargne populaire, symbolisée particulièrement par le Livret A, à l'image du courtage en ligne d'EasyBourse ou de l'art du « stock picking » (sélection des valeurs boursières les plus prometteuses) revendiqué par Tocqueville Finance. Au-delà de l'habillage communicationnel jonglant avec l'« investissement durable » ou « socialement responsable » et autres gadgets sémantiques, il s'agit logiquement de viser la plus grande rentabilité et la maximisation des profits.

Comme sa banque et plus encore, La Poste s'est lancée ces vingt dernières années dans une politique intensive de diversification et de développement. À travers ses principales filiales – La Poste Mobile, Colissimo, Chronopost, Docaposte, La Poste Immobilier, Viapost, DPD, Mediapost Communication (qui rassemble douze sociétés), Asendia, AXEO Services, Sogec –, elle est présente aussi bien dans la téléphonie mobile, les services à domicile, la communication et le marketing, que dans l'immobilier, la logistique et le transport, l'ingénierie informatique et le traitement numérique... Là encore, il est difficile de se retrouver dans cette architecture en permanente évolution de holdings, de filiales et de sous-filiales affublées d'acronymes étranges aux accents « globish », à l'instar de Greenovia, Mobigreen et Véhiposte, rassemblées en 2022 dans Bemobi, agence de conseil en « écomobilité » et « mobilité durable » pour les entreprises et les collectivités, ce qui consiste plus prosaïquement à louer des vélos électriques...

Globalement, le groupe La Poste compte autour de 250 métiers et autant de filiales réparties dans quatre branches : le service courrier et colis, la banque et l'assurance, la branche « Grand Public et Numérique, GeoPost/DPDGroup, qui est la branche « colis express » en France et à l'international. *Via* des filiales détenues à 100 % ou contrôlées, GeoPost/DPDGroup s'est implanté en Espagne, en Italie, en Pologne, en Russie, en Biélorussie, en Chine, au Kazakhstan, en Afrique du Sud et au Brésil, tout en prenant des participations minoritaires en Inde, en Turquie, en Asie du Sud-Est, au Maroc, au Burkina Faso et en Égypte. Cette expansion à faire rougir Alexandre le Grand a permis au groupe de devenir le premier réseau de livraison de colis en... Europe.

Bouger avec La Poste

Le colis sera-t-il la bouée de sauvetage d'une Poste confrontée à la chute du courrier ? Dans l'Hexagone, Colissimo et Chronopost ont enregistré en 2020 et 2021 des taux de croissance spectaculaires. Des investissements massifs (450 millions d'euros de 2017 à 2020 pour la branche courrier-colis) en plateformes de tri et de distribution, en achats de véhicules et en système informatique ont permis cette performance pour la livraison de colis, mais le parent pauvre – ce fameux courrier promis à la disparition – pesait 7,3 milliards d'euros de chiffre d'affaires en 2020 contre seulement 2,2 milliards pour Colissimo et 995 millions pour Chronopost. Contrairement à ses concurrents privés, La Poste se doit d'assumer ses missions de service public et le service universel postal impose de desservir aussi les zones les plus reculées et de fait les moins rentables. D'où l'accent mis, afin de compenser ces activités intérieures pas assez lucratives, sur l'international avec quelque cinquante pays desservis par GeoPost (11 milliards de chiffre d'affaires en 2020) et ses différentes marques : Chronopost, Chronofresh et Stuart en France, DPD en Allemagne et au Royaume-Uni, Seur en Espagne... Ce marché aiguise les appétits et les ambitions. La Poste vise une croissance exponentielle avec des objectifs de plus de 20 milliards de

Poste restante

chiffre d'affaires en 2025, mais le secteur est extrêmement concurrentiel (DHL, Fedex, UPS...), mouvant, instable. La stratégie est simple : toujours plus, toujours plus grand, toujours plus de rachats. Ce fut la politique de Vivendi, brandie en son temps comme un modèle de réussite capitalistique, avec l'issue que l'on connaît. Cette kyrielle de marques, cette multiplication de fusions et d'acquisitions donnent le tournis. Elles nous plongent dans l'univers du capitalisme mondialisé, dans la société des services en perpétuelle extension, mais oublient le service public. L'usager de la Creuse ou de l'Ariège, pour citer des départements symboliques d'une France qui se sent abandonnée par l'État, serait peut-être fier de savoir que La Poste affirme livrer des colis en temps record au Kazakhstan ou en Biélorussie. En attendant, il tremble à l'idée que le bureau de son village ferme et il guette le passage du facteur.

Soyons honnêtes, GeoPost n'oublie pas l'Hexagone. La preuve : en 2021, elle a acquis 89 % d'Epicery, start-up spécialisée dans la commande en ligne de produits frais et présente dans plusieurs grandes villes françaises. Une nouvelle étape dans le développement du groupe dans l'alimentaire puisque Stuart, filiale de GeoPost achetée en 2017 pour 13 millions d'euros, était déjà en charge de la livraison pour Epicery et que Chronofresh, autre

BOUGER AVEC LA POSTE

filiale de GeoPost officiant dans le transport frigorifique, s'inscrit dans ces services. GeoPost et Epicery se sont par ailleurs lancés dans la livraison de repas à domicile avec la plateforme en ligne « La Table », qui vise à concurrencer UberEat ou Deliveroo. En 2017, *via* Chronopost, La Poste s'était associée avec le géant du numérique et des médias en ligne Webedia pour lancer « Pourdebon », place de marché en ligne proposant des produits frais. Derrière des appellations et des marques dont le « globish » suggère une efficacité « *à l'américaine* », comme disait le bon facteur de *Jour de fête*, l'usager découvre souvent une lourdeur et une incurie dignes de l'ex-Union soviétique. Il faut, par exemple, avoir eu affaire avec Urby, filiale de La Poste spécialisée dans la livraison de marchandises en centre-ville, pour se rendre compte de la médiocrité de prestations basiques plombées par les retards, les rendez-vous non honorés, l'impossibilité d'avoir un interlocuteur en direct... Il me revient une expérience datant de l'été 2022. En vue d'un repas de fête, j'avais commandé à un ami vigneron trente-six bouteilles une dizaine de jours avant les agapes. Les colis furent expédiés du Var à Toulouse en vingt-quatre heures, ainsi que je pus le constater en suivant l'acheminent sur Internet, par son transporteur habituel qui passa ensuite le relais, pour les « derniers kilomètres » comme on dit dans ce secteur d'activités, à un sous-traitant, en l'occurrence Urby. Sept jours d'échanges au ton comminatoire, entre d'une part l'expéditeur et son livreur, et d'autre part Urby (j'avais de mon côté abandonné l'illusion de pouvoir entrer en contact avec un quelconque responsable ou employé de ladite entreprise), furent nécessaires pour que les bouteilles arrivent enfin à bon port. Précisons que la distance séparant le lieu de stockage des colis et mon domicile s'établissait à environ six cents mètres et on a une idée de la performance accomplie...

À mille lieues de ses investissements dans l'alimentaire et le e-commerce, La Poste doit continuer d'assurer le maintien d'un minimum de 17 000 « points de contact » qui participent à l'aménagement du territoire en permettant qu'au moins 90 % de la population de chaque département soit située à moins de cinq kilomètres ou vingt minutes de trajet automobile d'un point de contact et que toutes les communes de plus de 10 000 habitants disposent d'au moins un point de contact par tranche de 20 000 habitants. Ces points de contact se répartissent en bureaux de poste, agences postales communales et relais-postes gérés par des commerçants, mais le nombre de bureaux de poste est en diminution constante : ils étaient 7 250 en 2022 contre 10 000 dix ans plus tôt, un retrait

BOUGER AVEC LA POSTE

particulièrement mal vécu par les populations concernées. Et quand ils ne ferment pas, ils connaissent des horaires d'ouverture restreints jusque dans les grandes villes. À Toulouse, le bureau principal, où j'ai travaillé naguère, est ouvert du lundi au vendredi de 8 h 30 à 18 h, sauf le jeudi où il est fermé entre 12 h et 14 h, précisément un moment où les gens qui travaillent peuvent s'y rendre plus commodément. Surtout, l'heure limite de dépôt des lettres, petits objets et colissimos est fixée à 17 h alors qu'il y a encore quelques années on pouvait expédier lettre ou colis à 18h55, juste avant la fermeture au public à 19 h.

La Poste préfère donc miser sur le numérique, le développement à l'international, les services de proximité, mais combien de produits, de services ou de gadgets inutiles – comme la livraison de colis par drones – dans cette quête frénétique de la diversification ? Après Start'In Post, incubateur de start-ups créé en 2014, elle a lancé en 2021 « La Poste Ventures », un nouveau fonds d'investissement dans « *les start-ups innovantes à impact positif* ». Pour quel réel bilan ? Pour quelles réelles perspectives ? Le flou souvent domine.

Parmi les lectures *a priori* rébarbatives mais riches d'enseignements, j'ai un faible pour les rapports de la Cour des comptes qui, dans une langue claire et directe, pointe notamment dysfonctionnements ou gabegies au sein de l'État et de ses services. Dès 2016, elle s'interrogeait dans un rapport sur les fragilités du plan stratégique de La Poste présenté en 2014 pour l'horizon 2020 et qui promettait très modestement de « *conquérir l'avenir* ». En septembre 2021, l'institution de la rue Cambon dressait un bilan sévère de ce plan et de la stratégie de diversification, notamment par les nouveaux services de proximité, stratégie qu'elle approuvait par ailleurs dans son principe. La Cour relevait des « *résultats d'activité contrastés, mais globalement encore inférieurs aux attentes* », en déplorant « *des offres qui n'ont pas prospéré (aide à la télédéclaration d'impôts, initiatives intrapreneuriales...), des services opérés par les facteurs dont les résultats financiers sont peu concluants (service « Veillez sur mes parents » et tablette Ardoiz) et de nombreux services dont le potentiel doit encore être confirmé* ». Quant au résultat net des filiales, il était positif depuis le premier semestre 2020, mais pour une rentabilité jugée « *marginale* ». En outre, la Cour alertait sur le fait que la stratégie de diversification reposait de plus en plus « *sur l'acquisition de sociétés tierces* », alors que « *ces opérations de fusion-acquisition comportent des risques en particulier celui de surenchère sur les prix et les sommes investies* ».

BOUGER AVEC LA POSTE

Il en faut plus pour perturber les stratèges de La Poste qui persévèrent dans la voie du tous azimuts, à l'instar du domaine de la santé qui constitue un nouveau développement du groupe depuis 2016 avec les acquisitions d'Asten Santé et Diadom, spécialistes de la prestation de santé à domicile. La Poste *via* sa branche « Silver Économie et Santé » (comprendre les marchés liés à la santé des personnes âgées) a pris également des participations dans des start-up comme Nouveal, spécialisée dans les processus de pré et post-hospitalisation, en 2020, et Newcard, qui s'occupe de la télésurveillance de patients, en 2021. De son côté, Docaposte, filiale de la branche numérique, est devenue le premier opérateur de santé en France tandis que Chronopost Healthcare (20 millions d'investissements) intervient dans la livraison de produits médicaux.

Non sans surprise, j'ai appris que La Poste mène des expérimentations auprès de CHU, notamment dans des programmes de prévention de la dépendance ou de malnutrition, en transformant cette fois les facteurs en auxiliaires de santé chargés de repérer la perte d'autonomie des plus âgés. À l'été 2022, elle a racheté la start-up Happytal présente physiquement dans plus de 130 hôpitaux, experte dans la digitalisation du parcours hospitalier et dans l'accompagnement des patients. L'acquisition

Poste restante

d'Happytal a été l'occasion pour La Poste d'une campagne de communication, notamment dans la presse écrite *via* de longs publireportages vantant l'action des facteurs au service « *du bien-vieillir* » ou la volonté de l'entreprise de « *fluidifier le parcours des patients* ». Un « bien-vieillir » déjà pris en charge par la filiale Âge d'Or Services. Pour justifier cette diversification, la communication officielle du groupe mérite que l'on s'y arrête ; je l'ai découverte pour ma part dans l'un de mes hebdomadaires de prédilection sur plusieurs pages.

« *En conséquence de la pénurie de soignants, les fermetures de lits se multiplient en France. Plus que jamais, les personnels de santé doivent conjuguer rapidité et rigueur dans la transmission des informations sur les patients. Dans ce contexte tendu, la coordination des différentes étapes du parcours de soins est la clé de l'efficacité – et donc du bien-être du malade – mais aussi celle de la maîtrise des dépenses de santé* », peut-on lire. Résumons : l'hôpital public est en déliquescence et au bord de l'explosion – comme le rappela cruellement la crise du Covid –, lui aussi victime d'une course à la rentabilité et de réformes successives déstabilisantes, mais La Poste – qui s'y connaît en fermeture, en l'occurrence de bureaux – se porte volontaire pour remédier à ses défaillances. On peut craindre le pire. Il est aussi assez piquant de voir l'entreprise se soucier de « *la maîtrise des*

BOUGER AVEC LA POSTE

dépenses » (de santé) alors qu'elle connaît un déficit chronique et une dette pharaonique. La Poste ne manque pas de culot, pardon, de stratégie.

En février 2021, elle dévoilait d'ailleurs son nouveau plan stratégique : « *La Poste 2030, engagée pour vous* ». Son P-DG, Philippe Wahl, le présentait comme « *le plan d'une entreprise qui se donne comme premier objectif de mieux servir ses clients et de leur simplifier la vie.* [...] *C'est le plan d'une entreprise qui s'engage aussi pour la société tout entière, pour l'aider à gérer la transition démographique, la transition numérique, la transition écologique et la transition territoriale* ». Vaste programme, aurait dit le général de Gaulle. Parmi ses axes prioritaires stratégiques, le P-DG citait l'ambition de « *dépasser les frontières géographiques en captant la croissance internationale* ».

Pour autant, La Poste ne néglige pas le marché national, surtout quand il est un moyen d'accéder aux marchés étrangers. En 2022, La Banque Postale a ainsi finalisé l'acquisition de CNP Assurances dont elle était actionnaire minoritaire depuis 2020. La filiale de La Poste avait multiplié les rachats de parts jusqu'à la dernière OPA lancée en mai 2022. En contrôlant quasi totalement le leader français de l'assurance emprunteur, également au deuxième rang de l'assurance vie, La Banque Postale vise aussi la clientèle internationale de CNP et s'impose comme un géant mondial de la bancassurance. Avec l'acquisition de cette entreprise très rentable (l'assureur génère chaque année 500 millions d'euros de bénéfices), La Banque Postale va automatiquement gonfler son résultat net. Moins aventureuse que les acquisitions et diversifications parfois baroques de La Poste, cette prise de contrôle a eu néanmoins un coût : 5,5 milliards d'euros.

« *Les faits sont têtus, les chiffres aussi* », me répétait un vieux professeur de l'IEP de Toulouse en paraphrasant Lénine. Pour La Poste, les chiffres sont surtout cruels. En juin 2022, la dette nette du groupe La Poste s'élevait à 10,2 milliards d'euros, elle était de 6,4 milliards en décembre 2019 et de 3,4 milliards en 2018. Visiblement, La Poste n'avait pas attendu la crise du Covid pour pratiquer le « quoi qu'il en coûte », désormais passé de mode, bien que l'État lui verse une dotation annuelle de 500 millions d'euros par an uniquement pour assurer le service postal universel, cette distribution du courrier que la Poste considère comme un fardeau.

Avec un capital 100 % public et au regard de son importance, on s'attendrait à ce que l'entreprise fasse l'objet d'un certain contrôle des citoyens – en tant qu'usagers et contribuables – et de leurs représentants ou, du moins, que ses choix stratégiques, discutables et contestables, soient sujets à débats. Or il n'en est rien. La Poste, avec ses

BOUGER AVEC LA POSTE

245 000 employés, ses 34 milliards de chiffre d'affaires pour un résultat net de 1,2 milliard en 2021, n'apparaît quasiment jamais sous les radars médiatiques et politiques, sinon dans des cercles d'initiés. Qui connaît le nom et le visage de Philippe Wahl, qui dirige pourtant le groupe depuis près de quinze ans ? À moins que l'expression « Société anonyme », statut juridique de La Poste, soit à considérer dans une acception plus vaste, celle d'une organisation ou d'un cartel dont le « chef » importe peu, sachant que son successeur appliquera la même politique en obéissant à un « sens de l'Histoire » déjà fixé. Dans cette optique, La Poste, manière de « capitalisme d'État », n'a pas besoin d'être incarnée par un être humain et se situe à mille lieues d'autres entreprises, créées et portées par des personnalités d'exception, visionnaires et audacieuses – quoi que l'on pense d'elles et de leurs actions sur le fond –, telles Marck Zuckerberg, Jeff Bezos ou Elon Musk, pour citer des icônes contemporaines.

À tort ou à raison, on a le sentiment que La Poste est aux mains de technocrates en roue libre qui se prennent pour des capitaines d'industrie ou des traders engloutissant de l'argent public dans des investissements hasardeux pendant que le service public se délite. Alors oui, La Poste bouge. Dans tous les sens, mais sans aucun sens pour la majorité des Français qui ne lui demandent pas de conquérir le monde, de concurrencer UberEat ou Amazon, mais juste de perpétuer ses métiers fondamentaux. C'était d'ailleurs l'un des rares enseignements utiles du rapport Launay de mai 2021 sur la situation de La Poste. L'AMF (Association des maires de France) et cent élus locaux, essentiellement issus de communes de moins de 3 000 habitants, préconisaient à La Poste « *avant tout d'être fiable sur son socle de métiers historiques et de maintenir ses missions de service public* ». Les parlementaires entendus mettaient eux aussi l'accent sur les missions de service public et le maillage territorial tout en déplorant les fermetures de bureaux et l'amplitude horaire insuffisante de certains. Ils insistaient également sur la nécessité « *d'une présence humaine forte, sur tous les types de territoire, qui garantisse le maintien du lien social et du contact humain* », et faisaient part du « *sentiment d'éloignement des missions initiales de La Poste* » au gré de restructurations parfois jugées « *brutales* ». Le constat d'une Poste tournant le dos à ses fonctions premières n'est donc pas une illusion entretenue par des esprits chagrins ou des idéologues, mais là comme ailleurs on écoute, on enregistre, on fait des rapports, puis on détourne le regard, on occulte le réel et on le dissimule derrière des chiffres, des acronymes, des slogans adoubant une politique de fuite en avant.

Poésies postales

À chacun sa Poste. Par ma naissance et mes goûts, je ne peux m'empêcher d'être attaché à une part poétique et esthétique qui remonte à l'enfance. La Poste, à mes yeux, bien avant la profession de mes parents, ce fut d'abord des couleurs. Le jaune et le bleu du logo « oiseau postal » (créé par le célèbre affichiste et illustrateur Guy Georget en 1960), le bleu-gris et ses nuances de l'uniforme des facteurs, le jaune encore des boîtes aux lettres, le rouge des timbres Sabine puis Marianne et leur déclinaison en vert, bleu, gris, orange, mauve et tant d'autres selon les tarifs.

C'est aussi aux timbres que je dus mon premier contact – bien avant les livres et les musées – avec la peinture. Comme certains de ma génération, je cédai un temps à la passion pour la philatélie, et parmi les plus belles pièces, en particulier dans les timbres français, se trouvaient ceux reproduisant les œuvres de grands maîtres. Je découvris ainsi Picasso, Vermeer, Balthus, Pissarro, Degas, Matisse, Cézanne, Braque, Courbet, Renoir, Modigliani, Dürer, Van Gogh... J'en oublie. La Coupe du Monde de football de 1982, organisée en Espagne, me permit de me familiariser avec l'art singulier de Miró. D'ailleurs, au-delà des classiques, les artistes les plus contemporains n'étaient pas ignorés, à l'instar de Georges Mathieu, père de l'abstraction lyrique, dont les timbres me frappèrent. L'État lui confia aussi la création du logo d'Antenne 2 et de la pièce de dix francs. En un temps pas si lointain, les années 1970, les pouvoirs publics estimaient qu'il était dans leur rôle de glisser de l'art et de la beauté dans les représentations les plus quotidiennes comme la monnaie ou les timbres. Ces derniers reproduisaient aussi des paysages, des sites du patrimoine, des personnages ou des événements historiques, des artistes. Ils exaltaient le passé et aussi le présent. Les collectionneurs les plus aguerris guettaient les « défauts », à savoir une erreur d'impression plus ou moins notable conférant au timbre sa rareté. Dans la philatélie, les défauts devenaient une qualité. Les timbres étaient beaux, variés, colorés, et autorisaient ceux qui le désiraient à transformer leur enveloppe ou leur colis en petite mosaïque. Dans les bureaux de poste, certains étaient exposés derrière des

POÉSIES POSTALES

vitrines. Les timbres illustrés, que l'on appelait « de collection », existent toujours, mais ils sont passés de mode et ont été remplacés dans l'usage par de vilaines vignettes autocollantes anonymes délivrées par des automates. La philatélie, passion ou passe-temps aujourd'hui tombé en désuétude, réclamait de la patience, de la délicatesse (on maniait les timbres avec une pince pour les glisser dans les albums), du troc et du don (on s'échangeait les timbres, les non-pratiquants offraient aux collectionneurs de leur connaissance ceux qu'ils avaient reçus dans leur courrier). Des passions plus immédiates, brutales et marchandes ont pris le relais. Je ne cherchais pas le profit ni l'accumulation en rangeant soigneusement mes timbres protégés par du papier bible dans des albums. Bien m'en prit, car la valeur faciale des timbres « vierges » (non oblitérés) n'a plus cours (certains atteignaient parfois les cinq francs…) et celle des autres ne doit plus intéresser qu'une poignée de fanatiques.

Mon penchant pour la collection de timbres s'étendit à l'étranger. Ceux affichant les profils de la reine Elizabeth II, de Franco ou de Juan Carlos étaient légion, mais la plupart offraient des motifs plus divers et je me familiarisais avec ce que Charles Trenet nomme « *les pays des affiches* » dans *Cinq ans de marine*. Je voyageais en première classe en classant mes timbres étrangers dans des albums spécialement dédiés aux horizons lointains. On voyageait aussi grâce aux « flammes » oblitérant les enveloppes, à ne pas confondre avec les cachets postaux ou timbres à date qui donnent le lieu et la date de la prise en charge du pli. Les flammes, qui apparurent en France avec l'Exposition universelle de 1900, faisaient en général la promotion touristique de la ville ou de la région d'où le courrier avait été envoyé à travers une illustration et un bref texte. Ces messages naïfs – tel qu'« Arcachon : l'été sa plage, l'hiver sa forêt » – vantant les mérites de ce que l'on n'appelait pas encore les « territoires » ou invitant à découvrir telle spécificité locale cédaient parfois la place à des campagnes de communication officielles, tendance qui s'accentua avec le temps. Prisées par les collectionneurs, les flammes apportaient un peu de fantaisie sur les lettres et les cartes. Les agents postaux en charge de l'oblitération étaient invités à ne pas les apposer sur les avis de décès signalés par un bandeau noir sur l'enveloppe afin que les familles endeuillées ne soient pas choquées par un message éventuellement déplacé dans ces circonstances. Un millier de flammes étaient émises en France en 2000 avant que La Poste ne décide de leur disparition en 2007. Le cachet de La Poste, quant à lui, ne comporte plus la mention du lieu d'expédition, il a été remplacé par un code composé de chiffres et d'une

POÉSIES POSTALES

lettre. Des détails, dira-t-on, comme la quasi-disparition des timbres illustrés, mais la beauté — ainsi que le diable — se cache parfois dans les détails. Les timbres et les flammes enjolivaient un objet quotidien, pouvaient susciter l'éveil et la curiosité. La valeur d'usage ne méprisait pas une forme d'éducation populaire, modeste et réelle. Le cachet de La Poste fait toujours foi, il a juste perdu ses jolis artifices pour devenir purement fonctionnel.

Ces considérations paraîtront dérisoires ou, au mieux, anachroniques aux esprits qui ne jurent que par l'efficacité et l'utilité. Ce qui est beau ne sert à rien, n'apporte aucune plus-value opérationnelle. Une lettre avec un timbre illustré reproduisant une toile de maître ne parviendra pas plus rapidement à son destinataire que celle ornée d'une vignette autocollante. Cette logique, apparemment irréfutable, a néanmoins montré ses limites et ses dommages. L'enlaidissement du monde dans lequel nous vivons n'est pas anodin. La prolifération des « non-lieux » (supermarchés, aires d'autoroute, aéroports...), produits par la « surmodernité » et étudiés par l'anthropologue Marc Augé, propage l'anonymat, l'oubli, la dilution des relations humaines au profit de la seule fonctionnalité économique. Or, il suffit de circuler dans les zones périurbaines et les entrées de ville pour être saisi,

Poste restante

au milieu des panneaux publicitaires, des ronds-points, des entrepôts, des centres commerciaux et autres chaînes, d'un sentiment de désolation ou d'effroi. Que dire aussi des ravages commis par une certaine « architecture » édifiant des immeubles, des lotissements, des pavillons d'une laideur désespérante ? Qui oserait prétendre que les gens qui travaillent et vivent dans ces décors s'y épanouissent ? Au final, la laideur a un prix. Elle coûte cher, dans tous les sens du terme, même si ses dégâts prennent un peu de temps pour émerger et présenter une facture à laquelle on n'échappe pas.

La Poste, pas seulement elle évidemment, n'a pas toujours été insensible à la beauté. En témoignent nombre de ses anciens bureaux Art déco, souvent inscrits aux Monuments historiques, qui font encore aujourd'hui la fierté des communes les abritant, qu'ils aient été reconvertis – comme l'Hôtel des postes de Chartres, conçu par Raoul Brandon en 1928 et devenu la médiathèque de la ville – ou qu'ils soient toujours en activité comme la poste centrale de Nice, œuvre de Guillaume Tronchet, qui date de 1931. Le mythique bureau de poste de la rue du Louvre à Paris, gigantesque bâtiment haussmannien conçu par Jules Guadet et achevé en 1886, était célèbre pour être ouvert 24 heures sur 24, 365 jours par an. Cette particularité était prisée

Poésies postales

par certaines professions notamment liées à la justice et au droit. Après des travaux qui durèrent de début 2016 à décembre 2021, il a rouvert ses portes en janvier 2022 avec une amplitude réduite puisqu'il ouvre désormais à huit heures et ferme à minuit. Cette poste emblématique ne pouvait être « liquidée », elle a donc été conservée en partie – par exemple sa façade à douves et ses horloges – tout en étant profondément modifiée puisqu'une quinzaine de commerces se partagent 2 150 mètres carrés de centre commercial au rez-de-chaussée. L'ancien site dédié à l'administration, au tri et à la distribution du courrier s'est donc adapté en accueillant un commissariat, une halte-garderie, la BPE (banque privée appartenant à La Banque Postale), la start-up Voodoo, un hôtel cinq étoiles, des logements sociaux... L'endroit demeure malgré tout une poste, une poste moderne qui tient à la fois de la galerie commerciale et du bureau sans guichets largement occupé par des automates de dernière génération et des agents d'accueil. L'ancien côtoie la nouveauté. Ainsi, un espace philatélie est présent et une vieille estafette Citroën Type H a été transformée en bureau servant à l'obtention du code de la route. Par ailleurs, de magnifiques peintures d'époque au plafond de l'entrée ont été découvertes lors des travaux telles les reliques d'un passé que l'on avait oublié. Un autre bureau culte de la capitale est celui de la tour Eiffel qui était situé au premier étage et d'où fut envoyée la première carte postale illustrée française. Le minuscule bureau de 2,5 mètres sur 2,5 fut transféré en 2009 au rez-de-chaussée.

Il est difficile d'ignorer et de faire disparaître tout ce patrimoine matériel ou immatériel, toutes ces images et souvenirs que charrie La Poste. Dans un beau texte publié en novembre 2016 dans la revue *La Règle du jeu*, l'écrivain Maël Renouard, à propos du bureau de poste de la rue du Louvre, évoque « *l'épicentre de la civilisation épistolaire* ». Oui, c'est de cela qu'il est question. De civilisation, de façon de vivre. À des degrés divers, La Poste, les lettres, les bureaux, les facteurs ont accompagné nos vies. À chacun sa Poste, écrivais-je. Certains se souviennent des 2CV ou des estafettes desservant leur village, d'autres du rituel des étrennes avec le facteur présentant ses calendriers, d'autres encore des bottins déposés en début d'année il y a peu encore. L'annuaire « blanc » contenait les numéros de téléphone des particuliers, le « jaune » ceux des professionnels. On peut toujours les croiser dans des romans de Patrick Modiano ou dans des films.

Pour ma part, je me souviens en tant que postier éphémère des milliers de lettres passées entre mes mains quand je devais les trier. Il y avait des cartes postales de vacances dont je lisais parfois quelques

POÉSIES POSTALES

lignes (quitte à ne pas respecter le devoir de confidentialité), des factures, sans doute des lettres d'amour ou de rupture, des faire-part de naissance ou de décès. J'aimais l'idée romanesque de brasser des destins, de la même manière qu'enfant j'imaginais les vies que renfermaient les fenêtres allumées des habitations et des immeubles que la voiture familiale longeait les dimanches soir après un week-end à la campagne. Peut-être est-ce en manipulant ces mots, ces phrases que j'ai eu envie d'écrire les miens, de les imprimer et d'en faire des livres comme des bouteilles à la mer chuchotant à des lecteurs inconnus : « *Non, tu n'es pas seul à ressentir cela.* »

Des battements de cœur sous les enveloppes

Ma date de naissance, 1969, fait que j'ai connu la civilisation du courrier et celle du numérique. J'ai connu les avantages et les inconvénients de chacune, mais je n'ai pas oublié les plaisirs et bonheurs du monde d'avant dont celui de recevoir une lettre et d'en envoyer.

Je crois que mon premier plaisir d'écrire, de déformer légèrement la réalité pour la rendre plus drôle ou romanesque, ce qui deviendra plus tard mon activité favorite, est venu de lettres échangées avec ma sœur. J'étais adolescent, je m'ennuyais l'été pendant le mois passé dans la maison familiale d'Ariège où mes parents s'installaient pour les vacances. Ma sœur, de huit années mon aînée, traversait l'Espagne ou bien posait ses bagages dans un village balnéaire de la Costa Blanca avec son compagnon durant quatre semaines. De rapides et

Poste restante

rares coups de fil rassuraient nos parents sur le bon déroulé des opérations, mais l'essentiel de nos échanges s'accomplissait alors par lettres. Nous riions beaucoup lors de l'écriture et de la lecture de nos missives respectives. Ma sœur relatait son voyage et ses péripéties en forçant sur l'exotisme, en décrivant des rencontres baroques ou des situations burlesques. De mon côté, je transformais nos parents et les voisins de notre village – la seule compagnie humaine à ma disposition – en personnages hauts en couleur. Je reproduisais des dialogues en les saupoudrant de fantaisie et de picaresque. Des scènes anodines prenaient un relief inattendu. Quand les mots me manquaient ou me paraissaient insuffisants, je dessinais un visage ou une posture. Je me souviens de nos enveloppes, gonflées de cinq ou six feuilles de format A4 couvertes d'une écriture serrée au recto et au verso. La réception d'une lettre de ma sœur rompait la monotonie de mes vacances ariégeoises et m'emmenait dans cette Espagne que j'arpenterais à mon tour plus tard.

D'autres rendez-vous épistoliers me furent imposés. Au collège, à mon époque, il était de rigueur d'avoir des « correspondants étrangers ». Il s'agissait, afin d'améliorer notre niveau en langue (en l'occurrence l'anglais) d'échanger avec des garçons ou des filles de notre âge. J'héritai ainsi d'une

Des battements de cœur...

correspondante anglaise et d'un correspondant allemand – bizarrement, j'ai retenu son nom : Jochen Vestring – auxquels j'écrivais dans la langue de Shakespeare. La petite Anglaise me répondait en français, Jochen en anglais. Ces lettres, souvent besogneuses et scolaires, décrivaient nos goûts, notre quotidien et rachetaient la banalité de leur propos en les accompagnant de menus cadeaux (vignettes Panini, badges, timbres de collection, photos de nous et de notre famille...) censés entretenir notre amitié à distance. C'était en quelque sorte les réseaux sociaux de l'époque et, là encore, la réception de ces courriers, ornés de timbres exotiques, égayait mon quotidien. Aussi dérisoires puissent-ils paraître, si je ne les ai pas oubliés, c'est qu'ils ont compté au-delà de ce que je pensais sur le moment.

Devenu étudiant, j'entretins des correspondances qui me marquèrent plus durablement. Ainsi avec mon ami Guillaume, camarade de maîtrise à la faculté d'histoire de Toulouse, qui effectua son service militaire à Tarbes. Pour ma part, je réussirais à me faire exempter un an plus tard de ce devoir devenu de plus en plus marginal pour les diplômés universitaires, mais Guillaume – par défi – décida d'affronter l'épreuve. Ses descriptions de ronds-de-cuir, de sous-officiers bas du front et d'appelés plus ou moins demeurés firent mes délices, évoquant par moments la verve de Céline ou d'Alphonse Boudard au fil de longs récits consignés sur tous les supports papier qu'il avait sous la main. Dans un autre genre, je n'ai pas oublié non plus les lettres de Laurent, camarade de l'IEP de Toulouse, qui séjourna un an au Japon. Elles m'offraient les agréments du voyage et du dépaysement sans que j'aie à sortir de ma chambre. J'aimais aussi le regard qui s'en dégageait, la distance, le côté pince-sans-rire et un brin de mélancolie que je retrouverai par la suite dans les beaux récits de Jean Rolin ou dans le film *Lost in Translation* de Sofia Coppola.

Je n'ai pas été un grand épistolier, j'ai vécu avec mon temps et cédé aux commodités (coups de téléphone, mails) qu'il proposait, mais celui qui n'a pas connu l'attente d'une lettre amoureuse, ou même amicale, avec ce qu'elle comporte d'anxiété, est passé à côté de quelque chose. On guettait le passage du facteur. On ouvrait la boîte aux lettres avec excitation en attendant la récompense ou la déception. Cette époque et ces pratiques nous apprenaient la patience, la lenteur, la délicatesse, l'attention. Quand on écrit une lettre avec soin, on choisit le papier, l'enveloppe, de jolis timbres. Le choix d'une carte postale n'est pas non plus anodin. Certaines adresses se sont gravées dans ma mémoire par leur étrangeté ou leur poésie, comme « Old Rectory. Tynagh. Co Galway. Ireland ». L'un

DES BATTEMENTS DE CŒUR...

de mes amis habite au Domaine des Terres promises, chemin de la Persévérance, à Roquebrussanne, dans le Var. Coucher ces quelques mots sur du papier suffit déjà à mon bonheur. D'autres adresses ne me quittent pas : 5, rue du Pot-de-Fer, 34, quai d'Orléans, 91, rue de l'Assomption... Si je me risquais à écrire aujourd'hui à leurs destinataires, les lettres me reviendraient avec l'acronyme, que je déposais parfois au stylo sur certains plis quand j'étais postier : « NPAI », « N'habite pas à l'adresse indiquée ». Alors je leur écris en pensées et en songes. Et j'espère que ces missives leur parviennent.

J'ai conservé précieusement des lettres d'écrivains qui me sont chers, bien que je n'aie pas entretenu de réelle correspondance suivie avec l'un d'eux. Je reconnais les pleins et les déliés de l'écriture de l'un ou les pattes de mouche d'un autre sans avoir besoin de vérifier la signature. La couleur des encres ou les papiers à en-tête en disent aussi beaucoup. Ces lettres n'auront pas l'honneur et la postérité d'un recueil, elles ont toutefois le don de me rappeler des moments souvent privilégiés de mon existence, des amitiés nouées, des fidélités par-delà la mort. En revanche, que serait la littérature sans les correspondances d'écrivains ? Comme le journal intime, la correspondance est un genre à part entière. Combien de chefs-d'œuvre, de classiques ? De Flaubert à Proust en passant par

Madame de Sévigné, ces volumes ne suscitent pas seulement l'intérêt des spécialistes et des historiens. Et Céline, Gide, Breton, Cendrars, Debord... Et les innombrables volumes de Jean Paulhan avec Valery Larbaud, Georges Perros ou Drieu la Rochelle. Impossible de faire l'impasse sur les correspondances amoureuses : Hugo et Juliette Drouet, Sand et Musset, Anaïs Nin et Henry Miller, Albert Camus et Maria Casarès, les *Lettres à Lou* d'Apollinaire et celles à Lou Andreas-Salomé de Rilke, les *Lettres à Nelson Algren* de Simone de Beauvoir... Je n'oublie pas Kafka avec sa *Lettre au père* et ses *Lettres à Milena*, ou Rilke encore avec ses *Lettres à un jeune poète*. Les infréquentables Paul Morand et Jacques Chardonne ont enfin livré leurs secrets une quarantaine d'années après leur disparition à travers trois énormes volumes. Plus récemment encore, on a publié les lettres de François Truffaut à ses écrivains de cœur. Quand il n'a pas d'interlocuteur digne de lui, l'écrivain peut s'adresser à lui-même, comme le délicieux Paul-Jean Toulet avec les *Lettres à soi-même*. Le roman a lui aussi pris la forme épistolaire : des *Liaisons dangereuses* de Laclos à *Inconnu à cette adresse* de Kressmann Taylor, ou à *La Lettre de Conrad* de Fred Uhlman, en passant par les *Lettres persanes* de Montesquieu. Dans un tout autre registre, les lettres de poilus ont apporté voici

DES BATTEMENTS DE CŒUR...

quelques années sur la Grande Guerre un éclairage irremplaçable que le public a accueilli avec ferveur. Avant ces publications, j'avais pu lire quelques lettres de l'un de mes arrière-grands-pères, ayant participé au conflit, dont l'expression, la grammaire et l'orthographe – qui plus est pour un fils de paysans ayant quitté l'école à quatorze ans – feraient rougir nombre d'entre nous.

Qui publiera les mails des écrivains du XXIe siècle ? Qui, parmi eux, juge même utile de les conserver ? Que deviennent les millions de messages, de photos, de vidéos éphémères que nous produisons chaque jour sur les réseaux sinon des signes stockés un temps dans le *cloud* avant de disparaître dans la nuit numérique ? Cette « dématérialisation » si souvent vantée et promue me fait peur. Elle me semble synonyme d'engloutissement et de vide. Que deviendront notre culture et notre façon de vivre sans les « vraies » lettres ? Qui se souviendra demain de l'émoi parfois ressenti en les lisant ? Évidemment, à travers la mutation ou la liquidation de La Poste, je vois l'une des facettes de la disparition de la civilisation de l'écrit, ou du moins de son effacement. L'enjeu passe presque inaperçu. Il y a des guerres, des virus, le réchauffement climatique, l'économie... La disparition et la destruction de ce qui a lié les humains depuis des siècles pèsent peu devant les mauvaises nouvelles du jour et celles du lendemain relayées de façon anxiogène en continu. Nous fermons les yeux.

La presse, la littérature, les lettres : cela appartient pour moi au même monde de l'écriture et de l'imprimé, ce monde dans lequel j'ai grandi et qui m'a façonné, ce monde des pages que l'on tourne, du papier que l'on sent. Ce plaisir du toucher – qui a partie liée avec la caresse – n'a rien à voir avec le doigt qui frôle un écran, tape compulsivement sur un clavier ou scrolle avec une vélocité négligente. La littérature recule face aux BD et aux mangas. La langue est grignotée par les abréviations, les émoticônes, les likes, les tweets de quelques signes. La photo et l'image supplantent le mot. Rien de grave, selon certains. « Il faut vivre avec son temps », « On n'arrête pas le progrès », dit-on dans un sourire valant acquiescement ou renoncement. Avec l'apparition d'Internet et des nouvelles technologies, un discours optimiste affirmait que l'écriture et la lecture ne reculaient pas, mais changeaient simplement de support. Un moment, la profusion de blogs, professionnels ou amateurs, a pu conforter cette illusion. Grâce à Internet, j'en ai découvert de remarquables sur le cinéma, la littérature, la musique ou la gastronomie. À leur tour, ils ont été largement supplantés par les comptes Facebook et Instagram, souvent reflets d'un narcissisme, d'un exhibitionnisme (et de son pendant

Des battements de cœur...

voyeuriste), d'une insignifiance absolus, sans même évoquer les appels à la haine, les diffamations et autres *fake news* qui y prolifèrent. On n'écrit plus sur la gastronomie, on instagramme, on poste des images de plats. Nombre de nos contemporains qui affirment ne pas avoir le temps de lire des livres ou des journaux – mais qui passent deux ou trois heures par jour à pianoter sur leur smartphone et deux ou trois heures de plus sur Netflix – n'ont pas plus le temps de consulter ou de tenir des blogs et encore moins celui d'écrire des lettres. Ils ne savent pas ce qu'ils perdent, dans l'essentiel et dans les détails, détails apparemment dérisoires qui contribuent néanmoins aux bonheurs de nos existences.

Dans son roman *Vieux garçon*, Bernard Chapuis évoque le plaisir que peut faire naître la réception d'une simple lettre : « *Et voici un mot, une pensée, une lenteur, du papier qu'une main a tiédi de son écriture mouillée, une enveloppe cachetée d'un trait de langue de chat, ayant déjoué les facilités électroniques et qui, lorsqu'on l'ouvre, libère un chuchotement de mots frais.* » Un autre écrivain, Olivier Rolin, raconte dans le récit *Vider les lieux*, paru en 2022, son départ de l'appartement de la rue de l'Odéon à Paris où il a vécu pendant trente-sept ans. En faisant ses cartons, il retrouve environ 2 500 lettres qui dressent en quelque sorte « *les*

Poste restante

contours du pays disparu » dont il vient. Rolin confie à propos des lettres envoyées souvent par des lectrices de ses livres : « *tous ceux qui ont connu le temps des lettres savent l'émotion que causait leur découverte dans la boîte, le plaisir qu'il y avait à imaginer, à partir du style, de la graphie, du papier même sur lequel elles étaient rédigées, quelques traits de la personnalité de l'inconnue qui vous l'envoyait. On pouvait devenir amoureux d'une lettre (après tout, c'est bien ce qui arriva à Balzac avec Mme Hanska). Parfois, elles contenaient une fleur séchée, une feuille. Et je suppose que, de l'autre côté, le temps de l'acheminement, son incertitude (l'éditeur transmettrait-il ?) étaient source aussi d'émotion* ». Les lettres contiennent des rencontres, des souvenirs, des voyages, des amours. Bref, une vie. Il suffit de les relire pour que le passé renaisse de façon floue ou précise, que les disparus reprennent corps et âmes. Le temps des lettres est une éternité. « *Beaucoup de battements de cœur sous ces enveloppes* », écrit Olivier Rolin. Ne les négligeons pas.

Inconnu à cette adresse

Toujours dans *Vider les lieux*, Olivier Rolin évoque une lettre envoyée par une lectrice de Santiago du Chili qui avait écrit sur l'enveloppe « *rue de l'Odéon, barrio de las editoriales, orilla izquierda del Sena, Paris Francia* », soit « *quartier des éditeurs, rive gauche de la Seine, Paris France* ». « *Et sa lettre m'a été délivrée, honneur à La Poste d'alors !* », poursuit l'écrivain. On imagine sans peine que le facteur du quartier connaissait le nom et l'adresse de nombreux habitants pour les servir depuis longtemps, familiarité et proximité devenues un luxe à l'ère de la réorganisation permanente des tournées. Cependant, certaines adresses sont encore plus floues et incertaines, ou bien faussées par une erreur de numéro de rue ou de code postal, que celle notée par la lectrice chilienne d'Olivier Rolin. De ma brève expérience de postier, je me souviens de ces plis que nous triions à part et sur lesquels étaient inscrits au stylo ou par un tampon NPAI pour « N'habite pas à l'adresse indiquée ». Lorsque l'adresse de l'expéditeur était inscrite au verso, le courrier lui était renvoyé, mais j'avoue que je ne songeais pas alors à ce que devenaient les plis ou colis dénués de l'adresse de l'expéditeur, baptisés « rebuts postaux ». Je ne découvris leur sort que bien plus tard, en juillet 2021, à la lecture d'un article de Coline Renault dans *Le Figaro* intitulé « À la recherche du courrier perdu ».

J'appris ainsi que les lettres ou paquets non distribués pour cause de libellé illisible, absent ou incohérent, étaient acheminés au service client courrier de La Poste situé au centre de tri de Libourne, en Gironde, dont les agents sont en charge de la recherche du destinataire ou de l'expéditeur. Pour cela, les postiers sont autorisés à ouvrir et à lire les courriers en passant outre leur devoir de confidentialité et d'inviolabilité du courrier. L'ouverture des plis afin d'identifier le destinataire, en présence de trois agents des Postes, remonte à une ordonnance royale de 1771. Une autre ordonnance royale, en 1819, fixait la durée limite de la garde des lettres ou des paquets et prévoyait la vente des objets non restitués au bénéfice de l'État. Ces principes n'ont pas changé depuis.

Sur les quelque 20 000 plis égarés qui sont acheminés chaque jour au centre de Libourne où

INCONNU À CETTE ADRESSE

officient soixante employés, la plupart des courriers – factures, courriers administratifs ou commerciaux – sont facilement traités et retournés à leur expéditeur. D'autres relèvent de l'intime : déclarations d'amour, lettres de rupture, secrets ou souvenirs de famille, avis de décès, confessions... Là, les postiers doivent évaluer l'importance, la nécessité ou la gravité du message avant de collecter des indices permettant éventuellement l'acheminement de la missive égarée. Dans de rares cas, le postier se transforme en détective privé. Si les courriers contiennent des photos, de précieuses informations peuvent être glanées *via* une plaque d'immatriculation ou une indication géographique. Sinon il faut creuser autour d'un nom, d'une adresse mal orthographiée, d'un détail. Drôle de métier, entre rigueur administrative et irruption dans les vies d'inconnus. Une simple lettre peut-elle modifier le cours d'une existence ? Oui, sans aucun doute. Il faut des romanciers pour raconter cela. Ils ne s'en sont pas privés, même en imaginant la « *lettre d'une inconnue* » à l'instar de Stefan Zweig.

En proportion du volume de lettres réceptionnées à Libourne, peu d'entre elles bénéficient d'une recherche et, selon l'article du *Figaro*, environ 6 % de celles-ci sont retournées (en 1995, le taux de « réussite » était estimé à 30 %). Les autres, après un délai de trois mois, sont détruites et recyclées.

POSTE RESTANTE

Quant au contenu des paquets et colis, après des recherches, un recoupement avec le service des réclamations et une période de garde légale de six mois, ils sont mis aux enchères par le Domaine ou distribués à des associations caritatives tandis que les valeurs ou devises sont remises à la Banque de France au bout d'un an.

Plus surprenantes encore dans ce pays des lettres perdues sont celles envoyées sciemment à des adresses ou à des personnes qui n'existent pas... Le « courrier-thérapie » ou la « lettre thérapeutique » est un procédé utilisé en psychothérapie, mais certains individus éprouvent aussi le besoin de confier leurs écrits à La Poste plutôt que de les détruire ou de les conserver chez eux. Le centre de Libourne ayant d'autres plis à trier, on comprend aisément le sort expéditif réservé à ces missives exutoires en forme de bouteilles à la mer. Jusqu'à ce que l'artiste plasticienne Adrianna Wallis s'intéresse à ces étonnants courriers et en sauve quelques-uns du néant. Ayant découvert l'existence du service client courrier de Libourne, elle a obtenu en novembre 2016 l'autorisation de séjourner une semaine sur le site. À partir de ces lettres thérapeutiques ou simplement perdues, l'artiste a créé un projet, contractualisé par le service juridique de La Poste, constitué d'exposition (« Les Lettres ordinaires »), de performance ou d'installation (« Les Liseurs », « Les

Inconnu à cette adresse

Réponses »). Pour « Les Liseurs », elle a ainsi proposé à des lecteurs et lectrices de partager avec le public le contenu de centaines de lettres volontairement « perdues » dont le destin était de disparaître et non de devenir spectacle. Même les lettres illisibles et indéchiffrables font ici matière grâce à un violoncelliste chargé de s'inspirer des lettres pour les transformer en partitions... Avec son œuvre vidéo « Les Réponses », Adrianna Wallis a sollicité des employés du centre de Libourne pour lire des lettres perdues et imaginer des réponses.

Dans un registre différent dans la forme, mais assez voisin dans l'esprit, la romancière Irma Pelatan a publié en 2022 *Lettres à Clipperton, une aventure épistolaire*. Du 16 mai au 26 septembre 2017, elle a écrit et posté quotidiennement une lettre à destination de « Tout résident, 98799 La Passion-Clipperton », île déserte située à l'est de l'océan Pacifique nord et dotée d'un code postal. À travers cette démarche littéraire singulière inspirée par le Projet poétique planétaire (PPP) de Jacques Jouet, Irma Pelatan s'adresse à un interlocuteur imaginaire appelé « *Cher ami* ». Autre incursion artistique dans le domaine de La Poste : de mai à septembre 2022, l'exposition « Transmission(s) » s'est tenue au Musée de La Poste de Paris. Deux artistes, Madame et Dominique Blais, ont eu carte blanche pour s'immerger parmi les collections du

Poste restante

Musée et dans l'univers postal afin de proposer « *une relecture originale et audacieuse de plusieurs objets tels que la carte postale, le télégraphe Chappe, la boule de Moulins ou encore l'appareil Fortin, incarnation du réseau pneumatique de Paris* ».

Faut-il se réjouir de voir des artistes conceptuels s'emparer des lettres perdues et de l'art épistolaire, de ce qu'il reste de nos correspondances et par là même de La Poste ? Ou cette récupération marque-t-elle le signal du basculement vers une forme de muséification, de spectacle, de détournement, de représentation falsifiée, de recyclage postmoderne ? « *Tout ce qui était directement vécu s'est éloigné dans une représentation* », écrivait Guy Debord en 1967 dans *La Société du spectacle*. Notre temps, ajoutait-il, préfère « *l'image à la chose, la copie à l'original* ». Afin de parachever ce primat de l'apparence et de l'artifice, pourquoi pas une boîte aux lettres relookée par Damien Hirst ? Un costume de facteur revisité par l'une de ces marques de luxe avec laquelle collabore Jeff Koons ? Un colis voué à l'autodestruction façon Banksy ? À défaut d'avoir des êtres de chair et de sang auxquels nous adresser, devrons-nous envoyer des lettres dans le vide, à des avatars, à des créatures imaginaires ? L'alibi thérapeutique ou artistique sert-il à accompagner l'abandon des « vraies » correspondances ?

INCONNU À CETTE ADRESSE

Ma méfiance est peut-être excessive, mais le capitalisme et la valeur d'échange nous ont appris qu'ils savaient user de procédés implacables, insidieux, charmeurs pour effacer la valeur d'usage au profit du virtuel et de la spéculation, du symbole et de la représentation rémunératrice. Le plus « beau » dans le centre de tri de Libourne – en charge également des lettres adressées au Père Noël (plus d'un million chaque année) et de leurs réponses depuis 1962, date de la création du bureau en charge de ces courriers – n'est-il pas simplement sa vocation première ? La survivance de cet îlot de service public dans son mode le plus désintéressé et – osons le mot – de poésie dans un océan de froideur et de rapacité est une énigme, un mystère, une anomalie. Il n'y a en effet aucune logique marchande à payer des agents pour retrouver les destinataires ou expéditeurs de ces lettres perdues quand les tournées des facteurs sont chronométrées par des logiciels afin d'accélérer leur rendement. Il est étonnant que ce service « archaïque », en désharmonie avec l'esprit du temps et l'exigence de rentabilité adoptée par La Poste, ait échappé à ce jour à un coupeur de têtes, un réducteur de coûts, un manager en quête de réorganisation. À moins qu'il ne faille voir là qu'un outil de communication, une façade, un « village Potemkine », comme ces décors de carton-pâte

POSTE RESTANTE

érigés pour masquer la pauvreté lors de la visite de l'impératrice Catherine II en Crimée en 1787 ?

Il y aurait aussi l'hypothèse du remords, de l'incapacité ou de la retenue devant la décision de « sabrer » dans ces ressources humaines de Libourne qui objectivement *ne servent à rien*, selon les critères en vigueur aujourd'hui, sauf à perpétuer l'esprit de La Poste et de sa fonction originelle : chercher à transmettre coûte que coûte un courrier à son destinataire. Peut-être, tout simplement, qu'ils n'osent pas. Pas encore. L'ampleur du saccage de cet ancestral service public que fut La Poste, organisé froidement et méthodiquement depuis tant d'années, rend cette option peu probable. Je me plais pourtant à y croire. Par refus de désespérer, j'aime imaginer que dans leurs bureaux climatisés nichés en haut de tours, face à leurs écrans dernier cri, jonglant de visioconférence en « conf call », des décideurs, des hommes-robots et des femmes-algorithmes se retiennent, s'empêchent. Car *« un homme, ça s'empêche »*, comme le faisait dire Albert Camus à son double romanesque Cormery dans *Le Premier Homme* : *« on me met cet habit, on me traîne à la guerre, mais je m'empêche »*.

Lettre ouverte

Le 15 septembre 2022, je me suis rendu au bureau de poste de mon quartier, rue Matabiau, qui avait fermé ses portes durant plus de trois mois pour cause de travaux et qui venait de rouvrir. J'avais une carte postale à envoyer, c'était l'occasion de constater l'ampleur de la modification. Bien que modeste par sa taille, ce bureau me semblait auparavant assez « moderne », du moins suffisamment neuf, et présentait l'avantage de compter trois guichets généralement ouverts au public. Finalement, rien n'avait vraiment changé, sinon des modifications anecdotiques comme la suppression d'un pilier et le réaménagement du mobilier qui avaient fait gagner de l'espace. Un espace rendu encore plus vaste par la rareté des usagers qui, pendant trois mois, avaient pris l'habitude d'aller à un autre bureau.

Nul doute que cette refonte s'inscrivait dans le plan lancé à l'été 2022, d'une hauteur de 800 millions d'euros avec 500 millions consacrés à la rénovation de bureaux de poste et 300 millions à la « *transformation digitale* ». La Poste annonçait ainsi ses ambitions : « *De nouveaux automates et bornes digitales au design épuré, plus intuitifs et ergonomiques, seront également déployés dans les espaces commerciaux d'ici 2025, dont 700 dès 2022.* » Au-delà de ce design « *épuré* », que peut-on attendre des automates new look ? « *Ils permettent notamment de peser et d'affranchir un courrier ou un colis, d'acheter des enveloppes et des emballages pré-affranchis, de consulter ses comptes ou encore d'éditer un RIB.* » Peser et affranchir un courrier ? Acheter des enveloppes ? Magnifique. Rien de révolutionnaire sinon l'art communicationnel consistant à faire passer de vieilles vessies pour de neuves lanternes. Mais La Poste n'abdique pas sa soif d'innovation : « *De nouveaux mobiliers invitant à découvrir l'offre de téléphonie La Poste Mobile seront également déployés dans 400 bureaux de poste d'ici 2025.* » De nouvelles consignes étaient aussi promises, permettant « *de déposer ou retirer un colis en moins de 2 minutes, en toute autonomie* ». Sous le mot flatteur d'« *autonomie* », on comprend que le client doit se débrouiller tout seul. L'objectif plus vaste de ce programme est de « *renforcer l'omnicanalité et les synergies entre le réseau des bureaux de poste et son écosystème digital articulé autour du site web laposte.fr et de l'application mobile La Poste* ». En

Lettre ouverte

résumé : plus d'automates, de bornes digitalisées, de services numérisés et moins de présence humaine. La fuite en avant continue.

Dans cette même rue Matabiau, ces derniers mois, j'ai quelque fois croisé une dame sexagénaire qui travaillait à la poste principale de Toulouse à la même période que mes parents et lorsque j'y effectuais des remplacements. Son allure, sa coupe au carré n'ont guère changé. Je me souviens plus encore – car cette dame travaillait aux services financiers et je ne faisais que l'apercevoir à « l'arrière » du bureau – des hommes et des femmes dont je fus l'éphémère collègue. Je me souviens de Luc (dont le nom de famille était phonétiquement l'homonyme d'un célèbre cinéaste), de Jean (un ami de mes parents à l'érudition encyclopédique), de Patrick, de Bernard, de Louis, de Marie-Josée, de Renée, de Thérèse, d'Edmond, de Georges, d'un autre Georges surnommé « Jojo », de Pierre dit « Pierrot »...

Je me souviens des inspecteurs avec lesquels le vouvoiement était de mise. Monsieur M. ressemblait vaguement à Bernard Ménez, tout en partageant avec les personnages incarnés par le comédien une forme de dilettantisme et d'aquoibonisme. Monsieur et Madame M. (rien à voir avec le précédent) formaient un couple d'inspecteurs (également à la ville) dont l'austérité et la rigueur correspondaient mieux à l'idée que l'on se fait de la fonction, tandis que l'énergique Madame D. se révélait plus proche des employés sans perdre de vue sa mission d'encadrement. Monsieur B. offrait encore un autre profil. Grand et plutôt élégant, il affichait une sorte de dandysme et de détachement pouvant donner le sentiment qu'il y avait un privilège à travailler à ses côtés, ou plus exactement sous ses ordres. Tous ou la plupart doivent être à la retraite quand ils ne sont pas décédés, à l'instar de Jean, l'ami de mes parents, voici déjà longtemps. Pourquoi ces souvenirs, vieux de plus de trente ans et liés à des êtres que je n'ai connus que de façon anecdotique, se sont-ils ancrés dans ma mémoire ? Je ne sais pas, mais je crois que ces silhouettes, ces noms, ces prénoms maintenant désuets m'ont accompagné comme les témoignages et les visages vivants d'un métier et d'un monde quasi engloutis, un monde d'avant les machines et « *l'omnicanalité* ».

Je ne veux pas croire cependant que La Poste que j'ai connue disparaîtra. Je pense même qu'elle renaîtra, comme d'autres choses, à la faveur de la réhabilitation d'un monde concret, humain, où les rapports ne seraient pas d'abord régis par des interfaces, des écrans, des simulacres, des codes, des voix robotisées. Les technologies et la révolution numérique ne sont pas qu'une mutation économique comparable aux

Lettre ouverte

précédentes révolutions industrielles. Elles portent des bouleversements radicaux. Elles effacent l'homme et l'éloignent avec une force inédite, le désormais fameux « présentiel » devenant une option résiduelle jusque dans nos activités les plus élémentaires. Poste en ligne, commerce en ligne, cours en ligne, consultation médicale en ligne, etc., mais plus personne ou presque au bout de la ligne, à l'image des services clientèle des entreprises qui, au mieux, nous proposent de « chater » avec un robot ou avec un correspondant exploité dans un centre d'appels délocalisé en Asie ou en Afrique du Nord.

Nous ne pourrons pas vivre longtemps dans un cauchemar technologique et climatisé à moins d'oublier ce que nous sommes : des êtres doués de parole et de raison, des « animaux sociaux », pas seulement des numéros, des QR codes, des consommateurs et des clients dont l'existence serait guidée par des algorithmes. Dans *Postman*, film réalisé et interprété par Kevin Costner, sorti en 1997, les États-Unis sont devenus après une guerre nucléaire une sorte de *no man's land* où survivent quelques communautés terrorisées et rackettées par une milice paramilitaire. Le héros, un voyageur solitaire accompagné d'un mulet, endosse un jour l'uniforme et récupère la besace d'un facteur dont il a découvert le cadavre. Il retrouve aussi des lettres, vieilles de quinze ans, et décide de les distribuer. « *Je suis le facteur* », dit-il à ceux qu'il croise en leur déclarant que le service postal commence à être rétabli dans le pays. Les populations voient en lui le retour de l'État et de la civilisation. On lui confie des courriers, des jeunes gens et d'autres moins jeunes le rejoignent pour constituer un réseau de facteurs à cheval. Un bureau de poste datant de 1884 est rouvert, un centre de tri est créé, les lettres affluent à nouveau. Ce facteur improvisé et rebelle, porteur de rêves et d'espérance, va se dresser contre le chef de la milice. Il est frappant que ce film, adapté d'un roman de David Brin, ait imaginé que le facteur puisse être, dans un univers postapocalyptique, le symbole et l'incarnation de la civilisation retrouvée. Par-delà les frontières et les continents, il faut croire que La Poste demeure un repère et un repaire.

« *Les lettres font partie de ces choses qui, peu à peu, disparaissent de la surface de la terre* », écrivait Félicien Marceau à son ami Michel Déon en… 1968. Les deux écrivains n'auront pas connu les années 2020 où la disparition des lettres n'est pas qu'un scénario de science-fiction. Il y a des mots pourtant qui doivent être protégés par une enveloppe, écrits à la main. Les âmes sensibles auront toujours besoin de cela. Déclaration d'amour, d'amitié, aveu, confession : certains sentiments et

LETTRE OUVERTE

les mots qui nous prennent par la main ne sont validés que par l'encre et le papier. Je ne peux penser sans émotion à ce passage d'une lettre que Michel Déon, encore lui, adressa à Pierre Joannon : « *Je ne veux pas laisser passer cette occasion sans vous dire avec une vraie affection que vous êtes le plus parfait des amis. Vous êtes toujours là où il faut avec cette solidité qui ne doit presque rien à la raison et tout au cœur. Nous n'en parlerons plus, mais il fallait que cela fût dit une bonne fois.* » Cet extrait n'aurait vraisemblablement pas sa place dans une anthologie des correspondances littéraires. Il me touche précisément par sa simplicité, par sa beauté ordinaire, par la pudeur, la gratitude qui s'en dégagent. C'est cela écrire une lettre : dire avec des mots simples et justes la vérité des sentiments, ouvrir son cœur à l'ombre de l'enveloppe. Dans son roman *Numéro 11*, l'écrivain anglais Jonathan Coe évoque l'amitié entre deux jeunes filles d'aujourd'hui communiquant sur Facebook, WhatsApp ou Snapchat, et précise : « *Lorsque l'une des deux avait quelque chose d'important à dire à l'autre, seule une vraie lettre à l'ancienne faisait l'affaire.* »

À l'inverse des déclarations écloses dans l'intimité ou le secret que préservent les *vraies lettres à l'ancienne*, et à sa modeste mesure, ce livre est une lettre ouverte qui trouvera – je l'espère – quelques destinataires et qui ne restera pas lettre morte.

Table

Enfant de La Poste 9
Petite histoire de La Poste 17
Que sont nos bureaux de poste devenus ? 25
Bref éloge du facteur 35
Le facteur ne sonne plus deux fois 41
Quand j'étais postier 57
Le tournant libéral 73
Le courrier : chronique d'une mort annoncée .. 91
La carte postale fait de la résistance 103
Vols de nuit 111
La bataille du rail 123
Bouger avec La Poste 131
Poésies postales 147
Des battements de cœur sous les enveloppes.. 157
Inconnu à cette adresse 167
Lettre ouverte 175

Imprimé en France par CPI
en mars 2023

Cet ouvrage a été mis en pages par

<pixellence>

N° d'édition : 547586-0
Dépôt légal : mars 2023
N° d'impression : 173597